KB008163

현직 엄마 교사가 알려주는 어린이집 생활 백서

우리 아이
어린이집
생활이
궁금해요

이준호 **지음**

우리 아이 어린이집 생활이 궁금해요

초판인쇄	2021년 1월 2일
초판발행	2021년 1월 5일
발 행 인	민유정
발 행 처	대경북스
I S B N	978-89-5676-840-3

등록번호 제 1-1003호
서울시 강동구 천중로42길 45(길동 379-15) 2F
전화: (02)485-1988, 485-2586~87 · 팩스: (02)485-1488
e-mail: dkbooks@chol.com · http://www.dkbooks.co.kr

선생님이 말해 주는
우리 아이 어린이집 생활

언론에서 어린이집 폭행, 부실한 급·간식 보도가 나간 다음날이면 우리는 아니지만 선생님을 바라보는 곱지 않은 시선이 느껴졌습니다. 의심의 눈초리로 바라보는 부모님의 모습에 사건 사고는 극소수의 선생님과 어린이집에서 일어났는데, 왜 떳떳하고 올바르게 운영하고 있는 우리까지 눈총을 받아야 하는지 속이 상했습니다.

왜 어머님들이 어린이집을 믿지 못하실까?

어린이집 상황에 대한 이해가 부족하여 오해가 오해를 쌓는 상황이 계속된다는 결론을 얻게 되었습니다. '어린이집에 보냈는데 잘 지내고 있나?' 엄마는 걱정이 되고 궁금한 점이 많습니다.

어머님들께서 어린이집 상황이나 시스템을 정확하게 알

게 되면, 선생님들의 상황을 이해하는데 도움이 될 것 같았습니다. 학부모님께 도움이 되는 책을 추천해 드리고 싶은데 마땅한 책이 없어 현직 교사인 제가 책을 써보아야겠다고 생각했습니다.

어린이집은 점점 열악해지고 있습니다. 급여 조건은 나아지고 있으나, 학부모님께서 선생님과 어린이집을 대하는 태도가 열악해지고 있다는 것입니다. 어린이집 선생님께 반말을 하는 학부모님, 자신의 요구를 모두 들어 달라고 하는 학부모님, 자신의 아이만 챙겨 달라는 학부모님, 툭하면 학대를 의심하며 CCTV를 보자고 하는 학부모님.

정말 여러 유형의 학부모님들이 있습니다. 선생님을 보아도 인사도 하지 않고, 선생님께서 무릎을 꿇고 아이 신발을 다 신길 때까지 팔짱을 끼고 지켜만 보는 어머님도 있습니다. '정기적으로 뒤집어엎어야 말을 들어준다.'는 이야기를 들은 적도 있습니다.

선생님들은 아이들이 등원하면서부터 매순간을 긴장 속에서 지냅니다. 영아반의 경우 자리를 비우면 그사이에 아이들이 다칠 수 있어서 화장실도 제대로 못가고, 마음이 급해 화장실에서 볼일도 편하게 보지 못합니다.

점심 시간에도 아이들 먹이느라 선생님은 음식의 맛을 음미할 여유조차 없습니다. 반찬 먹기 싫다고 하는 아이 식사 지도도 해야 하고, 장난치다 떨어뜨린 숟가락을 주워주고, 밥 먹다가 응가한 아이 기저귀도 갈아주어야 합니다. 졸려 잠투정하며 울기라도 하면 선생님은 식사 포기입니다. 선생님은 우는 아이를 달래 재운 다음 배고픔을 잊기 위해 다 식은 국에 밥을 말아 빠르게 대충 끼니를 때웁니다.

낮잠을 재우고 잠깐 한숨 돌리려고 하면 아이들이 깨서 웁니다. 한 팔로는 아이를 안아 재우고, 한 손으로는 키즈 노트를 작성하기 위해 핸드폰을 들고 알림장을 작성합니다.

유아반은 영아반보다는 손이 덜 가지만, 아직도 선생님의 도움을 많이 필요로 합니다. 밥 먹고 옷에 붙은 밥풀도 떼어주어야 하고, 미용실 놀이할 때 손님이 되어 머리도 내어주고, 화장실 뒤처리도 해주어야 합니다. 이런 정신 없는 하루가 일상입니다.

현장 학습이라도 나가는 날에는 평소의 세 배는 더 긴장합니다. '혹시 다치지는 않을까? 잃어버리는 아이가 생기지 않을까?' 노심초사. 출발하는 시점부터 무사히 하원하는 그 시간까지 긴장의 끈을 놓을 수 없습니다. 퇴근하고 집에 돌아오면 녹초가 되어 침대에 뻗습니다. 정말 사명감 없이는 소화할 수 없는 일입니다.

너무 힘이 들어 관두고 싶다가도 "선생님 사랑해요" "우리 선생님이 제일 좋아"라고 하며 안아주는 아이들이 있고, "다른 어린이집은 몰라도 항상 신경써주시고 사랑으로 아이들을 돌보아 주셔서 감사해요.", "첫째에 이어 둘째도 고민하지 않고 믿고 보내요." 감사한 부모님의 말씀들.

졸업 후에도 지나가는 어린이집 차량을 보며 반갑게 인사하고 멀리서도 "선생님~"하고 달려와 반갑게 안기며 "어린이집에 다시 가고 싶어요"라고 이야기하는 아이들을 마주 대할 때면 정말 이 아이들의 선생님 하기를 잘했다는 생각이 듭니다.

이 책은 어린이집에 보낼 준비를 하는 과정에서부터 어린이집 생활에 관한 전반적인 내용을 담고 있습니다. 9년 동안 어린이집 교사로 근무하면서 어머님들이 많이 해주신 질문 내용을 위주로 하였습니다. 어린이집을 다니면서, 또 준비하면서 부모님들이 궁금해 하는 질문에 답을 드리고자 하였는데, 역시 육아에는 정답이 없습니다. 각 가정의 상황이 다르기 때문입니다.

어린이집도 마찬가지입니다. 어린이집마다 사정이 다르기 때문에 기본 베이스는 같지만 시스템은 조금씩 다릅니다. 책의 내용과 우리 아이가 다니는 어린이집 상황이 다르다고 해서 나쁜 곳이 아닙니다. 부모님께서 믿고 만족하는 곳이 가장 좋은 어린이집입니다. 내가 지금 다니고 있는 어린이집, 앞으로 다닐 어린이집을 믿고 우리 아이를 맡길 수 있게 잘 선택하기 바라는 마음입니다. 상황별로 우리 아이가 왜 이런 행동을 하는지 몰라 답답해 하는 어머님들께 원인과 해결을 위한 솔루션을 제시할 것입니다.

이 책이 아이를 어린이집에 보내고 걱정하는 어머님들과 아이를 돌보는 어린이집 선생님들의 육아에 도움이 되었으면 좋겠습니다.

현장에 계신 많은 선생님들, 오늘도 수고하십니다. 존경합니다.

아이들과 행복한 시간을 보내기 위해 고민하시는 어머님들, 파이팅입니다. 사랑합니다.

이 책을 내기 위해 자문을 맡아주신 원장선생님 이하 선생님들, 감사합니다.

이 책이 세상에 나올 수 있도록 손을 잡아주고 매일 새벽을 함께 열어주신 정경미 작가님과 여러 작가님들, 고맙습니다.

다 큰 딸 걱정 때문에 마음 조리시며 딸이 세상 밖으로 나갈 수 있도록 아이들을 돌보아 주시는 친정 엄마 우리 권종순 여사님, 사랑합니다.

책 쓴다고 주말을 반납하여도 불평불만 없이 엄마의 꿈을 응원해 준 세 아들 배현우, 배현성, 배현준, 사랑합니다.

글쓰는 아내를 위해 묵묵히 아이들 돌봐주고 살림해 준 가장 사랑하는 남편 배진수, 감사하고 또 감사합니다.

차 례

언제
어린이집에 보내면 좋을까요?

어린이집에서
너의 생활이 궁금해.

선생님과의
대화가 어려워요.

1

언제
어린이집에 보내면 좋을까요?

우리 아이 몇 세부터 어린이집에 보내야 할까요?

"돌은 지나고 보내야지."

"기저귀를 뗀 후에 보내야 돼."

"말을 할 수 있을 때 보내는 것이 좋아."

"4살 때 혼자 놀면 심심해 하니 보내."

주변에서 들려오는 이야기가 너무 많습니다. 다들 자기의 상황과 경험에 비추어 조언을 해줍니다. 그러나 정해진 답은 없습니다. 각 가정의 상황에 맞추어 보내면 됩니다.

학자들은 말합니다. 36개월까지는 엄마가 양육하는 것이 좋다고. 그러나 학자들의 말만 듣고 아이를 36개월까지 데리고 있는 것은 현실적으로 어려운 일입니다. 직장을 다니는 맞벌이 가정은 일찍 보낼 수밖에 없습니다. 전업주부라고 해도 해야 할 일이 많습니다. 집안일도 해야 하고, 개인적인 잠깐의 휴식도 절실히 필요하기 때문입니다. 커피 한잔의 여유를 즐기고 싶어도 이것저것 만지고 기어다니는 아이를 데리고 카페에 가는 것은 무리한 일입니다. 자연스럽게 엄마의 시간은 포기할 수밖에 없습니다. 이런 잠깐의 여유조차 허락되지 않기 때문에 육아 우울증에 걸릴 수도 있습니다.

저는 육아휴직을 5개월을 사용하였습니다. 3개월만에도 복직하는 선생님도 있습니다. 이렇듯 본인 상황에 맞추어 보내면 됩니다. 정해진 시기는 없습니다. 부모님께서 아이를 어린이집에 보내기로 결정하셨다면 그 시기가 가장 옳은 때입니다. 내 아이의 상황과 각 가정의 상황에 맞추어 결정하면 됩니다. 내 아이를 가장 잘 아는 사람은 부모님이고, 아이의 행복을 바라지 않는 부모님은 없기 때문입니다. 보내기로 결정하셨다면 주저하지 말고 잘 살펴보고 선택하면 됩니다.

각 가정의 상황에 맞추어 보내는 것이 가장 현명한 방법이지만,

어린이집에 보내는 이론적인 적정 시기는 다음과 같습니다.

1차적으로 돌 때까지는 엄마가 양육하는 것이 좋습니다. 엄마와 애착 관계 형성이 가장 필요하고, 엄마의 손이 많이 가는 시기이기 때문입니다. 어린이집에서는 1명의 교사가 3명의 영아를 돌보아야 합니다. 아무래도 엄마와 아이가 1:1 관계인 가정보다 1:3 관계인 어린이집에서는 많이 안아주지 못하고 세밀하게 신경쓰기가 어렵습니다. 선생님께서 최선을 다해 아이들 모두 공평하게 사랑해 주며 안아주려고 노력하지만 쉽지만은 않은 일입니다. 엄마와 1:1 관계에서 온전한 사랑을 받는 것이 당연히 좋습니다.

2차 시기인 엄마와 충분한 애착 관계를 형성할 36개월까지는 엄마와 함께 지내는 것이 좋습니다. 엄마와 눈맞춤하고 노래부르면서 노는 동작들은 전문적이지는 않아도 내 아이를 가장 사랑하는 엄마가 온힘을 다해 아이를 돌보는 것이므로 어떠한 교육보다 값지고 좋은 교육이 되기 때문입니다. 36개월까지는 가정에서 엄마가 아이를 양육하는 것이 가장 이상적이랍니다.

모든 가정에서 36개월까지 엄마가 아이를 돌볼 수 있다면 얼마나 좋겠습니까? 하지만 우리는 아이를 낳아 정석대로만 키울 수는 없습니다. 맞벌이 가정이 많은 현실에서 36개월까지 아이를 데리고 있을 수 없기 때문입니다. 육아휴직을 받고 1개월만에 복직하시는 어머님을 뵌 적도 있습니다. 이런 경우에는 어쩔 수 없이 생후 1개월만에 어린이집에 보내야 합니다. 상황이 이렇다면 어린이집에 보낼 때 어떤 것을 신경써야 하는지 더 꼼꼼히 따져 보시고 믿을 수 있는 어린이집에 보내면 됩니다.

어린이집은 만 0세부터 만 5세까지의 영·유아를 보육하는 시설이므로 출생신고 후 주민번호가 발급되면 입소가 가능합니다.

0~12개월 된 아가들을 보낼 어린이집을 선택할 때는 주의해야 할 점이 많습니다. 말로 표현할 수도 없고, 자기 몸을 스스로 움직이기도 힘든 시기이기 때문에 안전사고에 대해 각별히 신경을 써야 합니다. 어린이집 교실에 위험한 부분은 없는지 더욱 신경 써서 시설을 확인해 보아야 합니다.

젊은 선생님보다는 아이를 키워 보신 선생님이 담임으로 계시는 곳이 좋습니다. 아이를 키워 본 경험이 있고 없고는 큰 차이가 있기 때문입니다. 전문적인 교육을 받기는 하지만, 영아들에게 발생할 수 있는 돌발 상황이나 기저귀 발진에 대한 대처 방법, 이유식을 잘 먹이는 노하우 등은 아이를 키워 보신 선생님들이 엄마의 입장에서 아이의 감정을 더욱 잘 읽고 세심하게 살펴볼 수 있습니다. 하나부터 열까지 선생님의 손이 많이 가야 하는 시기입니다. 그렇기 때문에 누구보다 더 따뜻하고 사랑으로 돌보아 주실 수 있는 선생님인지를 살펴보아야 합니다.

일반적으로 엄마들은 출산 후 1년 동안 육아휴직을 하고 아이를 가정에서 돌보게 됩니다. 육아휴직이 끝나고 복직 준비를 하실 때에는 미리 어린이집에 입소하여 엄마와 아이가 함께 한 달 정도 적응 기간을 거치는 것이 좋습니다. 아직 어린 아이를 미리 보내기가 안쓰러워 복직 시기에 딱 맞추어 아이를 어린이집에 보내는 경우가 많습니다. 이때에는 엄마도 복직하여 다시 환경에 적응하느라 스트레스가 높고, 아이도 바뀐 환경과 시스템에 적응하느라 힘이 들어 병이 날 수 있습니다. 출근했는데, 아이가 아프다고 연락이 오면 엄마는 함께 해 주지 못해 마음이 아픕니다. 아이가 아프다는데 달려갈 수도 없고 어찌할 수 없는 상황에 불안함을 느끼고, 아이에게 미안한 마음이 듭니다. 복직 전 한 달 정도 여유를 가지고 아이가 어린이집에 적응할 수 있도록 해주는 것이 좋습니다.

동생이 생겨서 아이를 어린이집에 보내는 경우도 있습니다.
대략 아이가 13~24개월 무렵에 동생이 생기는 경우가 많습니다. 엄마가 임신을 하면 아이는 예민해지기 마련입니다. 이것은 매우 당연한 일입니다. 아이는 아직 동생이 태어나기 전이지만, 임신과 동시에 많은 축하를 받는 엄마와 기뻐하는 가족들의 모습을 지켜보게 됩니다. 아이는 자신의 사랑을 나눌 경쟁자가 생긴다는 것을 직감하게 됩니다.

임신 중기까지는 첫째와 충분히 시간을 가지고 함께 놀아 주는 것이 좋습니다. 동생이 태어날 것에 대한 불안함을 느끼지 않고 외동으로서 누릴 수 있는 시간을 만끽하도록 해줄 필요가 있습니다. 그러다가 만삭이 다가올 무렵에 어린이집에 입소하여 적응 기간을 가지면 됩니다. 만삭 때에는 아이가 적응하느라 울고 힘들어 할 때 안아줄 수 있어 적응하는 데 많은 도움이 됩니다.

동생이 태어나 힘들고 예민한 상태일 때 첫째를 어린이집에 보내면 아이는 박탈감 때문에 더욱 적응하기 힘듭니다. 이때 안아주려고 해도 둘째를 안고 있어야 하기 때문에 첫째는 자연스럽게 밀려나 안아주기 어렵게 됩니다. 그러면 더욱 짠한 상황이 발생합니다. 둘째를 돌보기도 힘든 상황에서 첫째까지 데리고 있으려면 엄마는 폭발하기 일쑤입니다. 서로에게 상처만 주는 시기가 되어 버립니다.

언제 출산할지 정확하지 않으므로 한 달 내지 두 달 전부터 미리 적응 과정을 거치는 것이 현명합니다. 아이를 적응시킨 후에 어린이집에 다니면 출산 후 엄마는 첫째를 어린이집에 보내고 둘째에게 집중할 수 있는 시간을 가질 수 있습니다. 또한 첫째는 엄마와 동생에게 맞춰지는 관심사가 또래친구, 놀이, 선생님에게로 분산되므로 첫째와 엄마 모두 스트레스를 줄일 수 있습니다. 엄마에게 못 받는 관심과 사랑을 어린이집 선생님께 받으면서 안정적으로 지낼 수 있게 됩니다.

아이가 25~36개월이 되면 엄마들은 육아 스트레스로 인한 우울증을 겪을 수 있습니다. 육아 스트레스가 심하다면 아이를 어린이집에 보내야 합니다. 아이가 세 돌 될 때까지는 데리고 있어야 한다는 말을 들어보셨죠? 이론적인 이 이야기 때문에 일찍 어린이집에 아이를 보내는 데 대해 미안한 마음을 가지고 있는 엄마들도 있습니다. 아이가 온종일 엄마와 함께 있다고 행복한 것은 아닙니다. 엄마가 행복해야 아이가 행복합니다. 육아 스트레스가 심하면 육아 우울증까지 올 수 있습니다. 우울증으로 아이에게 짜증과 화를 내고 계신다면 당장 어린이집을 알아보고 보내야 합니다. 어린이집에 보낸 그 시간 동안 아이와 떨어져 있으면서 엄마도 엄마의 시간을 가지며 재충전할 필요가 있습니다.

엄마는 아이가 어지른 장난감을 수십 번 치우고, 밥 먹다 흘린 밥풀을 정리하고, 놀아달라는 아이의 놀이 상대를 해주느라 설거지는 한가득 쌓여만 있는 상황에 지치고 힘들 수밖에는 없습니다. 지쳐 있는 엄마가 잠시 쉬려고 하면 또 놀아달라고 떼를 쓰며 울기 시작합니다. 매일 반복되는 생활로 엄마는 지쳐가고 체력도 바닥으로 떨어집니다. 이럴 때에는 아이가 밉기까지 합니다. 어린이집에 보내고 잠시라도 엄마만의 시간을 가지고 나면, 그 시간이 단 몇 시간밖에 안 될지라도 하원하여 돌아오는 아이를 보면 너무나도 사랑스럽게 느껴질 겁니다. 아이가 어리더라도 어머님께서 이런 감정이 드신다면 어린이집에 보내는 것이 아이를 위해서도, 어머님을 위해서도 좋은 결정이 될 것입니다.

또 이 시기는 기본 생활 습관을 익혀야 할 때입니다. '세 살 버릇 여든까지 간다'는 이야기가 있듯이 좋은 습관을 길러주어야 할 시기입니다. 가정에서는 어머님의 그날 컨디션과 스케줄에 따라 일어나는 시간도 들쑥날쑥하고, 그에 따라 식사 시간에도 변동이 생길 수 있습니다.

어린이집에서는 발달 특성에 맞추어 시기에 맞는 기본 생활 습관을 익힐 수 있도록 도움을 줍니다. 집에서는 스스로 수저를 들지 않아 먹여주어야만 식사를 하던 아이가 어린이집에서는 바르게 앉아 스스로 식사하는 모습을 볼 수 있습니다. 신발도 엄마가 신겨주어야만 신던 아이인데, 어린이집에서는 스스로 신발을 신기도 합니다. 엄마와는 잘 지켜지지 않는, 그러나 반드시 알고 지켜야 하는 기본 생활 습관이 바르게 잡혀가게 됩니다.

어린이집과 유치원의 차이가 뭐예요?

아이가 만 2세 가을이 되면 엄마들은 유치원과 어린이집 어느 곳을 선택할지 고민에 빠지게 됩니다. "다니던 어린이집에 계속 다닐 것이냐, 아니면 유치원으로 옮길 것이냐, 그것이 문제로다."

아이가 어린이집을 잘 다니고 있고, 선생님도 마음에 들어 딱히 어린이집에 대한 불만이나 문제가 없음에도 한 번씩은 다 고민해 보았을 겁니다. 왜 고민하게 될까요?

"유치원에 보내야지 무슨 소리야. 학교에 가려면 한글도 떼야 하고 공부를 시켜야지. 어린이집보다는 유치원이 훨씬 잘 가르쳐. 그러니 당연히 유치원에 보내야지 뭘 고민해?"

주변 엄마들의 이야기가 들립니다. 그럼 우리 아이도 유치원에 보내야 하지 않을까?

다들 유치원에 보낸다고 하는데 우리 아이만 뒤처지는 게 아닌지 불안감이 스멀스멀 올라옵니다. 교육열이 높으신 어머님 중에는 유치원부터 그들만의 인맥과 스펙을 쌓으려는 분들도 있습니다. 어느 유치원을 졸업했는지가 초등학교에 입학했을 때 엄마들 사이에서는 이슈가 되기도 합니다. 이름만 들어도 알만한 사립 유치원을 나오면 주변 엄마들의 관심을 삽니다. 우리 아이가 학습적으로도 뒤쳐질까 걱정되고, 엄마들 사이에서도 내세울 수 있는 출신을 만들고 싶은 마음에 유치원에 보내려는 마음이 들기 때문입니다.

어린이집과 유치원의 가장 다른 점은 대상 연령이 어린이집은 만 0~5세까지, 유치원은 만 3~5세까지 다닐 수 있다는 겁니다. 어린이집은 출생해서부터 초등학교 입학 전까지 한 곳에서 다닐 수 있는 시스템을 가지고 있습니다.

어린이집과 유치원은 부모님들이 부담하는 원비도 차이가 있습니다.

유치원과 어린이집 모두 나라에서 지원 받는 금액 외에 본인 부담
금이 발생합니다. 그것은 특별활동비와 야외활동비 등의 항목으로
발생되는 금액입니다.

유치원에는 본인 부담금의 상한선이 없기 때문에 원마다 금액이
다릅니다. 유치원의 상황에 맞춰 금액이 산정되기 때문에 적게 받
는 곳도 있고, 많이 받는 곳도 있습니다. 어린이집은 구마다 상한선
이 정해져 있어 원장선생님 재량으로 금액을 많이 받을 수 없게 되
어 있습니다. 사는 지역마다 상한선이 달라 약간의 차이는 있겠지
만, 많은 차이는 아닙니다. 사립 유치원은 어린이집보다 원비가 높
게 책정됩니다. 그렇지 않은 곳도 가끔 있기는 하지만, 평균적으로
금액이 높게 책정되어 있습니다. 유치원 중에서도 병설 유치원은
특기 활동, 소풍 이외에는 야외활동을 나가지 않기 때문에 원비가
많이 들지 않습니다.

정리하면 원비는 사립 유치원 > 민간 어린이집 > 국공립 어린이
집 > 병설 유치원 순으로 볼 수 있습니다.

국공립 어린이집은 특기 활동을 하는 원과 하지 않는 원은 차이
가 있습니다(보육 시간, 원비, 특기 활동 등은 유치원·어린이집마
다 약간 차이가 있습니다. 해당되는 원에 직접 연락하여 상담을 받
으시기 바랍니다).

유치원은 일과 시간을 기준으로 반일반, 종일반, 에듀케어반 세 가지로 나뉩니다.

- 반일반 : 오전 9시~오후 2시 30분
- 종일반 : 오전 9시~오후 4시 30분
- 에듀케어반 : 오전 7시~오후 8시

어린이집은 오전 7시 30분~오후 7시 30분까지 운영합니다. 일반적인 일과 시간은 오전 9시~오후 4시이며, 오후 4시부터 자유롭게 하원이 이루어집니다.

어머님들께서 가장 힘들어 하시는 부분이 방학(여름·겨울 휴가 집중 기간)입니다. 유치원은 수업일수만 지켜지면 원장선생님 재량으로 방학을 운영할 수 있습니다. 대체적으로 2주를 방학 기간으로 정하는 원이 많습니다. 이 경우 1주일은 방학으로 가정에서 보육을 해야 하고, 또 1주일은 당직 선생님께서 통합으로 운영합니다. 어린이집은 방학 주간이 있기는 합니다. 그러나 휴원하지 않고 당직 선생님이 출근하여 통합반으로 운영하고 있기 때문에 보육을 희망하는 가정에서는 어린이집에 보낼 수 있습니다.

교육적인 측면에서 비교해 보면 어린이집은 보육에 초점을 두고, 유치원은 교육에 초점을 둡니다. 그래서 학교 보낼 준비를 하려면 한글도 떼야 하고 공부를 해야 하니 유치원에 보내야 한다는 이야기가 나오는 것입니다.

2012년 이전에는 어린이집과 유치원의 교육이 다르게 진행되었습니다. 어린이집은 보육 특성을 더욱 강조하여 보육에 중점을 두었습니다. 만 3~5세까지는 놀이와 교육을 함께하는 교육 과정을 시행하였으나, 교육보다는 놀이에 중점을 두었습니다. 유치원은 교육에 중점을 둔 교육 과정을 시행하였기 때문에 공부를 시키려면 유치원에 보내야 한다는 이야기가 나오게 된 것입니다. 그러나 이제는 누리 과정이 시행되어 같은 누리 과정으로 교육이 이루어집니다.

유치원 선생님과 어린이집 선생님의 채용 자격이 다른 것도 유치원과 어린이집의 교육 질이 다르다고 생각하는 이유 중 하나입니다. 유아교육과를 졸업하고 유치원 정교사 자격증을 취득하여야만 유치원 선생님 자격이 주어집니다. 유치원 정교사 자격증을 취득하면 보육교사 자격증도 함께 발급받기 때문에 유치원 교사도 어린이집 교사로 근무할 수 있습니다. 현재 유치원 정교사 자격증을 취득하고 어린이집에 근무하는 분도 많습니다.

어린이집 선생님도 유아교육학과를 졸업하고 어린이집에 취업합니다. 다른 점은 대학 졸업자가 아니어도 사이버대, 평생교육원을 통해 관련 전공 공부를 하고 자격증을 취득하면 어린이집 교사로 근무할 수 있다는 점입니다.

어린이집과 유치원의 두 기관은 비슷한 것 같지만, 시스템에는 차이점이 있습니다. 워킹맘의 경우 방학 기간도 길고 행사도 많은 유치원은 부담이 될 수 있습니다. 주변의 도움이 없다면 어려움이 있을 수 있습니다. 어린이집은 방학 때도 당직 교사를 배치하여 근무하기 때문에 부모님이 근무하실 때 아이들을 맡길 수 있습니다.

활발하고 발달이 빠른 아이인 경우에는 어린이집은 조금 답답해할 수 있습니다. 대부분의 어린이집은 유치원보다 규모도 작고 활동 프로그램도 부족하기 때문입니다. 특히 외부 활동도 많은 사립유치원에서의 활동을 더욱 즐거워할 수 있습니다.

안락하고 따뜻한 보살핌을 받기 원하신다면 유치원처럼 규모가 큰 곳보다 어린이집을 선택하는 것이 좋습니다. 가정의 상황과 아이의 특성을 파악하여 선택하면 됩니다.

가정 어린이집 vs 국공립 어린이집
vs 민간 어린이집

어린이집에 보내기로 결정했다면 몇 가지 유형의 어린이집 중에서 어떤 유형의 어린이집에 보낼 것인지를 생각해 보아야 합니다. 우리 아이가 어리다면 선택의 폭은 더 넓어집니다. 가정 어린이집, 국공립 어린이집, 민간 어린이집 등에 보낼 수 있기 때문입니다.

가정 어린이집은 만 0세부터 만 2세까지만 다닐 수 있습니다. 가정 어린이집에 다니는 아이는 만 3세가 되면 유아반이 있는 어린이집으로 옮기거나 유치원으로 가야 합니다. 선생님과 애착 관계가 잘 형성되었는데, 다른 기관으로 옮기면 다시 적응해야 하기 때문에 아이에게는 매우 힘든 과정일 수 있습니다. 내 아이가 예민하다면 한 번 입소하여 졸업까지 할 수 있는 국공립이나 민간 어린이집에 보내기를 추천합니다. 아이가 낯가림이 심하지 않고 잘 적응하며, 가정 어린이집에 다니다가 유치원으로 보낼 계획이라면 가정 어린이집이 좋은 선택입니다.

가정 어린이집은 대부분 아파트 1층에 위치하고 있습니다. 따라서 어린이집의 구조가 아파트와 같아 집과 같이 아늑하고, 원아 수도 적기 때문에 가정적인 돌봄을 받을 수 있습니다. 원아 수가 적다는 것은 그만큼 내 아이를 선생님께서 밀착하여 돌보아줄 수 있다는 이야기입니다. 선생님들도 연령대가 30~40대의 육아 경험이 있으신 분들이 많기 때문에 연령대가 낮은 영아들에게 더욱 맞춤 보육을 제공할 수 있습니다.

가정 어린이집은 집과 가까운 단지에 위치하고 있기 때문에 등하원이 편리하다는 장점이 있어 맞벌이 부부에게 적합합니다. 워킹맘의 경우 월요일과 금요일이 다른 요일보다 매우 힘듭니다. 낮잠 이불 세탁을 위해 일주일에 한 번씩 낮잠 이불 가방이 가정으로 보내지기 때문입니다. 한 손에 아이 손을 잡고, 다른 손에 아이 가방과 이불 가방, 그리고 자신의 가방까지 바리바리 들고 먼 곳에 있는 어린이집까지 가려면 출근 전부터 엄마는 녹초가 될 것입니다. 가까운 곳에 어린이집이 있다는 것은 매우 큰 장점입니다. 아파트 단지 내에 있기 때문에 놀이터를 이용하여 실외 활동을 할 수 있다는 것도 아이들의 안전한 놀이에 장점이 됩니다.

가정 어린이집의 단점은 영아들이 많기 때문에 현장 학습을 위해 외부로 나가는 경우가 드물다는 것입니다. 아이가 활동적이고 에너지가 넘친다면 비교적 좁은 교실 때문에 답답해 할 수도 있습니다.

민간 어린이집과 국공립 어린이집은 만 0~5세까지 다닐 수 있습니다. 가정 어린이집보다는 규모가 큰 곳이 많습니다. 가정 어린이집이 집과 같은 느낌이라면, 민간과 국공립 어린이집은 시설의 느낌이 있습니다. 만 0~5세까지 영아와 유아가 함께 활동하기 때문에 교실 수도 가정 어린이집보다 많습니다.

민간과 국공립 어린이집의 가장 큰 차이점은 국공립은 국가에서 원장선생님을 채용하여 운영하고, 민간은 원장선생님 개인이 운영하는 것입니다. 국공립 어린이집은 나라에서 관리·운영합니다.

어머님들의 이야기를 들어 보면 만족도는 천차만별입니다. 국공립 어린이집은 특기 활동을 거의 하지 않기 때문에 원비도 저렴하고 시설도 좋다고 하는 분들도 있습니다. 그러나 차량을 운행하지 않기 때문에 아이를 데리고 등·하원시키는 것이 힘들다는 분들도 있습니다.

국공립 어린이집에서는 외부 활동을 소풍 이외에는 잘 나가지 않습니다. 그에 비해 민간 어린이집에서는 외부 활동을 많이 나가는 편입니다. 바쁘셔서 주말에도 외부 체험 활동을 잘 나가지 못하는 부모님은 외부 활동을 많이 나가는 민간 어린이집이 더 좋다고 합니다. 이렇듯 부모님의 관점과 중시하는 활동에 따라 만족도가 다릅니다.

어린이집, 언제부터 알아보아야 하나요?

어린이집은 언제부터 알아보아야 하는지?

보내기로 결정하면 바로 보낼 수 있는지?

어린이집을 알아보는 시기에 대한 질문이 많습니다.

임신을 하면 태어날 아이를 언제부터 기관에 맡길 것인지 등의 양육 계획을 세워야 합니다.

일단 몇 살에 어린이집에 보낼 것인지에 대해 계획을 세웁니다. 돌이 지나서 어린이집에 보내야겠다고 계획하거나, 3살까지는 데리고 있겠다고 계획한다면 그때에 맞춰서 준비하면 됩니다. 어린이집에 보내기로 마음먹은 시점보다 앞서 어린이집을 알아보는 것이 좋습니다.

인기 있는 어린이집은 대기자가 많아 1년 이상 대기하기도 합니다. 한 번 입학하면 졸업할 때까지 한 어린이집을 다니는 경우가 많아 중간에 입학하려면 자리가 없을 수도 있습니다.

인기 있는 어린이집은 그만한 이유가 있을 겁니다. 우리 아이가 좋은 어린이집에 다니면 안 좋아할 부모가 있을까요? 이왕이면 인기 많고 좋은 어린이집에 다니는 것이 좋지 않을까요? 그러려면 미리 준비하여 대기해야 합니다. 서두르지 않으면 원하는 어린이집에 보내지 못하고, 원하지 않는 곳에 울며 겨자먹기로 보내게 될지도 모릅니다.

어린이집에 보내기로 결정했다면 우리 집과 가까운 곳에 있는 어린이집부터 알아봅니다. 거리가 멀면 아이들이 차량으로 이동해야 하기 때문에 아이들이 피곤해 합니다.

어린이집을 알아볼 때에는 손품과 발품을 팔아야 합니다. 어린이집 정보와 위치는 '임신육아종합포털 아이사랑' 사이트에 들어가면 우리 집 근처에 있는 어린이집의 다양한 정보들을 확인할 수 있습니다.

임신육아종합포털 아이사랑(http://www.childcare.go.kr)

어린이집의 위치와 정원으로 어린이집의 규모를 대략 짐작할 수 있고, 또한 평가인증 유무, 교직원 근속연수 등 기본 사항을 알 수 있습니다. 기본 사항을 확인한 후에는 지역 맘카페에 가입하여 엄마들의 정보를 얻습니다. 다니고자 하는 어린이집을 검색하여 후기들을 읽어 보고, 모르거나 더 궁금한 부분이 있으면 질문하는 글을 쓰면 같은 엄마들이라 답변도 친절하고 상세하게 해줍니다.

그런데 이것은 개인적인 부분이기 때문에 절대적으로 믿어서는 안 됩니다. 같은 사건에 대해서도 엄마들마다 개인적 견해가 다르기 때문입니다. 답변들을 정리하다 보면 어린이집마다 공통적으로 나오는 이야기들이 있을 겁니다. 그 부분을 참고하면 됩니다. 각 지역의 '우리동네보육반장'이라는 제도를 이용하는 것도 좋은 방법이 될 수 있습니다. '우리동네키움센터' 포털 사이트에서 해당 지역 보육반장님의 연락처를 알 수 있습니다. 아니면 120에 전화하면 해당 지역 보육반장님을 연결해 줍니다.

우리동네보육반장님은 육아를 전공한 선생님 또는 경험 있는 분

우리동네키움센터 (https://icare.seoul.go.kr)

들이 직접 지역 주민과 소통하며 아이를 양육하는 가정의 문제를 해결해 주는 돌봄 활동가입니다. 우리동네보육반장님께 육아 관련 내용이나 어린이집에 대해 궁금한 점을 물어보면 관련된 정보를 얻을 수 있습니다. 그러나 우리동네보육반장 제도는 서울 지역에서만 실시하고 있습니다. 이렇게 손품을 팔았다면, 다음은 발품입니다.

위와 같이 손품을 팔아 정보를 수집하여 5곳 정도의 어린이집을 추려내서 상담을 다녀 보면 됩니다. 동네에 있는 모든 어린이집에 상담하러 다니는 어머님도 보았습니다. 직접 보고 이야기를 나누는 것이 가장 좋은 방법이기는 합니다. 그런데 그러기에는 체력과 시간이 많이 소요되므로 미리 상담할 어린이집을 5곳 정도 선택해 두는 것이 좋은 방법입니다.

상담하고자 하는 어린이집에 현재 아이를 보내고 있는 엄마들의 생생한 이야기를 들어 보는 것도 하나의 방법입니다. 맘카페에서는 현재 어린이집에 다니고 있는 아이의 어머님이 글을 남겨주기도 하지만, 현재 어린이집에 다니지 않는 아이의 어머님들께서 조언을 하는 경우도 많습니다. 따라서 좀 더 직접적이고 확실한 정보를 얻고 싶다면 직접 엄마들을 만나 이야기를 들어보는 것이 좋습니다.

등·하원 시간에 어린이집 앞에 가면 우리 아이가 가려고 하는 어린이집 가방을 메고 있는 아이의 손을 잡은 어머님들을 쉽게 발견할 수 있습니다. 어머님들께 정중하게 이 어린이집에 다니려고 하는데, 아는 정보가 없어서 그러니 어린이집에 대하여 궁금한 것을 물어보면 답해 주실 겁니다. 같은 아이를 키우고 있다는 공감대로 인해 진솔하고 정확한 정보를 많이 얻을 수 있을 겁니다.

현재 다니고 있는 어머님들의 이야기를 들어 보고, 상담을 통해 어린이집을 결정하였다면, '임신육아종합포털 아이사랑'에서 입소 대기 신청을 하면 됩니다. 대기자가 없다면 입소 신청 즉시 입학이 가능하지만, 그렇지 않은 경우에는 결원이 생길 때까지 대기하여야 합니다. 동네에서 좋은 어린이집이라고 소문난 곳에 입소하려면 대기 신청을 빨리 해 놓는 것이 좋습니다.

현재 어린이집에 다니고 있는 영유아는 현재 다니고 있는 어린이집을 제외한 총 2개의 다른 어린이집에 대기할 수 있습니다. 또 현재 가정에서 양육하고 있는 영유아는 총 3개의 어린이집에 대기할 수 있습니다.

입학 상담을 할 때 뭘 물어보지?

"입학 상담을 할 때 뭘 물어봐야 돼?"

12월쯤 되면 지인들의 전화가 옵니다. 어린이집에 보내려고 하는데, 입학 상담을 가서 어떤 것을 보아야 하며, 무슨 질문을 해야 하는지 물어보는 전화입니다.

체크해야 할 부분을 미리 생각한 다음 한번 정리해 보면 좋습니다. 어린이집에 입학 상담을 가기 전에 부모님의 교육관을 스스로 생각해 보고 '우리 아이는 이렇게 교육을 받았으면 좋겠다.'라고 생각하는 바가 정해져 있으면 상담하기가 수월해집니다.

상담을 가면 원장선생님과 상담이 이루어집니다. 원의 운영 방침과 이루어지고 있는 교육들, 특기 교육은 어떤 것을 시행하고 있으며, 수업은 어떻게 진행되는지, 하루 일과 등을 이야기해 주시고, 시설·안전 교육 등 전반적인 사항을 설명해 줍니다.

원장선생님의 설명을 들으면 상담 받은 어린이집의 전반적인 모습을 알 수 있습니다. 어머님이 생각하는 아이의 교육에 대해 원장선생님께서 이야기하지 않으신 부분이 있거나 의문점이 생기면 그 부분에 관하여 질문하면 됩니다.

원장선생님의 교육관과 교육철학도 살펴 보아야 합니다. 원장선생님의 교육철학이 고스란히 선생님들께 전달되므로 원장선생님의 교육관과 철학이 나와 맞아야 한마음으로 아이의 교육 방향이 잡을 수 있기 때문입니다.

원장선생님은 놀이 중심의 수업을 지향하는데, 엄마는 교육 중심의 수업을 지향한다면 불만이 생길 수밖에 없습니다. 원장선생님의 교육철학이 선생님들께도 고스란히 적용되기 때문에 원장선생님의 교육철학·운영방침이 엄마의 생각과 맞는 원을 선택해야 합니다.

🌸 교사와 아이들의 표정과 분위기를 살핍니다

어린이집에 상담하러 들어가면 분위기를 잘 살펴 보아야 합니다. 원에서 생활하는 선생님들과 원장선생님, 아이들의 분위기가 어린이집의 분위기를 좌우하기 때문입니다. 밝고 따뜻한 분위기인지를 살펴 보아야 합니다. 어린이집에 들어서면 밝게 웃으며 먼저 인사를 건네는 선생님, 조잘조잘 이야기하며 친구와 놀이 중인 아이들의 웃음소리가 들리는 곳이 좋습니다. 외관은 아기자기하고 알록달록 따뜻한 느낌의 예쁜 어린이집인데, 안으로 들어가면 차분하고 조용한 느낌이 들고, 선생님들과 아이들의 얼굴에 웃음이 없는 곳도 있습니다. 이런 어린이집은 선생님들이 스트레스를 많이 받는 어린이집일 수 있습니다.

왁자지껄 놀이를 하면서 쉴틈없이 떠들며 놀이하는 것이 아이들입니다. 가정에서의 상황을 생각해 보면 파악하기 쉽습니다. 우리 아이들은 잠시도 가만히 있지 못합니다. 분주하게 왔다갔다 하며 놀고 조잘조잘 이야기합니다. 어린이집에서도 마찬가지 모습이 보여야 합니다. 그런데 조용하고 차분하다면 선생님들이 강압적일 수 있다는 것을 뜻합니다.

앞으로 우리 아이와 함께할 담임 선생님도 만나보아야 합니다. 잠깐이라도 이야기를 나누어 보면 선생님의 성격을 파악할 수 있습니다. 이야기를 나누면서 어떤 분일지 파악해보는 것입니다. 우리 아이의 성향과 맞는 분인지 아닌지 잠깐이라도 느껴 보아야 합니다. 큰 목소리를 무서워하는 아이인데 유독 목소리가 큰 선생님께서 담임이라면 아이가 어린이집 다니기를 무서워할 겁니다.

상담을 받으러 어린이집을 방문할 때에는 아이와 함께 방문하는 것이 좋습니다. 상담할 때에 아이가 엄마와 떨어지지 않으려고 운다면 원활한 상담을 위해 선생님들께서 돌봐줍니다. 그때 아이가 어린이집에서 잘 놀이하는지도 관찰할 수 있습니다. 또한 아이가 다닐 어린이집을 편안하게 느끼는지도 확인할 수 있습니다. 어머님의 상담이 끝나도 더 놀겠다며 우는 아이들도 있답니다. 그것을 보고 "낯가리는 아이인데 이상하게 잘 노네?"하며 놀라는 어머님들도 있습니다. 어머님은 당장 입학 신청을 하였습니다. 따라서 아이와 선생님이 잘 맞는지를 알아보는 것은 매우 중요합니다.

🌸 놀잇감이 충분한지 살펴봅니다

상담 후 아이를 데리러가면서 교실을 둘러볼 수 있습니다.

교실을 둘러보도록 해주지 않는다면 교실을 보고 싶다고 요청하면 됩니다.

아이들이 자는 낮잠 시간에 교실을 둘러보려면 어려움이 있습니다. 낮잠 시간을 피해 아이들이 활동하는 시간이 좋습니다. 별다른 이유 없이 교실 둘러보기를 꺼려할 때에는 입학 여부를 재고할 필요가 있습니다.

간혹 교구들을 갖추고 있지 않은 어린이집도 있습니다. 어머님들께서 눈으로 확인하면 교구가 부족한지 충분한지 알 수 있습니다. 혹시라도 부족해 보인다면 원에서 교재·교구에 대해 신경을 쓰지 않는 것입니다.

아이들은 다양한 놀잇감을 충분히 가지고 놀이를 해야 하므로 놀잇감이 잘 비치되어 있는 것을 확인할 필요가 있습니다. 한 영역의 놀잇감이 많은지 적은지도 눈여겨 보아야 합니다. 영역별로 다양하게 아이들이 가지고 놀 수 있도록 놀잇감들이 충분히 있어야 합니다. 또한 아이들의 눈높이에 맞게 교구들이 비치되어 있는지도 확인하면 좋습니다.

다음 페이지의 표는 각 영역을 대표하는 놀잇감입니다. 어린이 집마다 비치하고 있는 놀잇감의 종류가 다를 수 있으니 참고용으로만 봐주세요.

🦋 교사 대 아동의 비율, 교사의 근속연수를 확인합니다

아이들이 많으면 선생님의 보살핌이 조금이라도 벗어날 수도 있 습니다. 연령별로 한 반의 정원이 있지만, 그 정원을 다 채우고 있 는지 알아보아야 합니다. 선생님 혼자 하나부터 열까지 감당해야 하므로 아이들이 많으면 스트레스도 높아 아이들에게 영향을 미치 기 때문입니다.

우리 아이가 입소할 반의 담임 선생님의 경력과 현재 어린이집 에서의 근무연수를 물어 보는 것도 좋습니다. 경력이 있어야 노련 함이 있듯이, 아이의 보육에서도 경험은 매우 큰 영향을 줍니다. 아 이들을 많이 경험해 보면 그만큼 아이의 다양한 상황에 대처할 수 있는 능력이 생기기 때문에 경력도 아주 중요한 요소입니다.

어린이집 선생님들의 이직률은 상당히 높습니다. 학기가 시작하

	만 0~1세	만 2세
신체 영역	기어오를 수 있는 계단, 경사로, 스펀지 블록, 큰 공 등	미끄럼틀, 점핑 바운서, 볼풀 놀이대, 마, 자동차, 끌차, 공, 후프, 종이 벽돌록, 스펀지 블록 등
언어 영역	그림 자료, 사진 자료, 전화기, 헝겊책, 비닐책, 소리나는 책, 촉감책, 크레용, 색연필, 쓰기 전지 등	사진 자료, 손 인형, 그림 카드, 전화촉감책, 소리나는 책, 퍼즐책, 굵은 용, 색연필, 종이 등
미술·음률 영역	크레파스, 색연필, 밀가루 점토, 스티커 , 다양한 도장, 딸랑이, 마라카스 등	다양한 종류의 종이, 색연필, 크레용레파스, 잡지책, 안전 가위, 풀, 밀점토, 스티커, 모양 도장, 리듬 막대라카스, 탬버린, 보자기, 스카프, 리대 등
감각·탐색 영역	촉감판, 오뚜기, 고리 끼우기, 모양 맞추기 등	소리 상자, 촉감판, 돋보기, 자연물, 조각, 모양 찾기, 고리 끼우기, 색깔기 등
수·조작·과학 영역		
역할·쌓기 영역	가족 인형, 소리 나는 인형, 동물 인형, 자동차, 우레탄 블록, 스펀지, 종이 벽돌 블록 등	소꿉 놀잇감, 다양한 주방 놀이 기화기, 인형, 나무 블록, 종이 벽돌우레탄 블록, 스펀지 블록, 끼우기등

만 3~5세	샘플 사진
집, 그네, 미끄럼틀, 점핑 바운서, 평균대, 흔들 목마, 구 용 매트, 끌차, 다양한 블록, 줄넘기, 훌라후프, 던지기 , 다양한 공 등	
인형, 손 인형, 손가락 인형, 그림 카드, 마이크, 다양한 책, 동시집, 환경 인쇄물, 글자 퍼즐, 다양한 종류의 종 다양한 필기구(색연필, 연필, 사인펜, 마커펜, 매직), 단어 , 글자 도장 등	
파스, 사인펜, 색연필, 연필, 수채 물감, 먹물, 다양한 종 종이, 잡지, 점토, 재활용 용품(우유갑, 요구르트, 상자, 심), 리듬 막대, 마라카스, 탬버린, 소고, 작은북, 실로 전통 악기(소고, 장구, 북, 징 등), 음악가 사진 등 사진 자 책 보자기, 스카프, 리본 막대, 동물 가면 등	

기, 숫자 카드, 양팔 저울, 시계, 달력, 자석, 거울, 돋보 자연물, 온도계, 자연물의 사진 자료 등	
대, 싱크대, 다양한 주방 놀이기구, 옷입기 놀이 (아빠 앞치마, 드레스, 직업의상), 다양한 소품(액세사리, 선글라스, 모자, 구두, 가방, 넥타이 등), 음식점, 인형 각종 모형, 종이 벽돌 블록, 자석 블록, 눈송이 블록, 한 블록, 끼우기, 다양한 인형 모형 등	

는 3월부터 다음해 2월까지 1년 단위로 계약합니다. 한 어린이집
에서 근속연수가 길다는 것은 원의 근무 환경 등이 좋다는 뜻과도
연결됩니다. 근무했을 때 근무 환경이 좋지 않다면 1년 근무하고
다른 어린이집으로 이직하기 때문입니다. 어떤 직장이든 근무 환경
이 좋으면 스트레스를 그만큼 덜 받게 됩니다. 스트레스가 적으면
더욱더 우리 아이들과 행복한 시간을 만들어갈 수 있는 환경이 되
므로 교사들의 근속연수도 중요한 요소가 됩니다.

어린이집에서 질문하기 어렵다면 '임신육아종합포털 아이사랑'을
검색하면 현재 근무하는 선생님들의 이력을 확인할 수 있습니다.

✿ 열린 어린이집으로 지정되어 있는 곳인지를 확인해 봅니다

열린 어린이집은 보육실 개방과 함께 보육 프로그램에 부모의
일상적 참여가 이루어지는 형태의 어린이집입니다. 열린 어린이집
은 부모님께서 어린이집 활동에 적극적으로 참여하므로 서로 신뢰
관계가 형성된다는 장점이 있습니다.

열린 어린이집 활동은 배식 도우미, 책 읽어 주기, 교실 참관하
기, 산책하기, 현장 학습 도우미 등 다양한 방법으로 참여할 수 있
습니다. 부모님께서 참여하기 때문에 우리 아이의 어린이집에서의

생활을 엿볼 수 있습니다.

🌸 안전과 청결·위생을 위해 화장실과 주방을 살펴봅니다

우리 아이들이 뛰어 놀고 하루 중 많은 시간을 보내는 곳이기 때문에 안전과 청결 부분도 꼼꼼히 살펴보아야 합니다.

책상이나 교구장에 아이들이 부딪혀도 다치지 않도록 안전 보호대가 설치되어 있는지, 계단이 있는 경우에는 미끄럼방지는 잘 되어 있는지 확인해야 합니다.

위생 관리를 잘하고 있는지를 확인하기 위해 화장실과 주방을 둘러보는 것이 좋습니다. 가장 위생에 철저해야 하는 곳이기 때문에 항상 청결함을 유지해야 합니다. 간혹 보여주기를 꺼리며 보여주지 않는 어린이집이 있는데, 이 경우에는 위생상태를 고려해 보

아야 합니다. 칫솔 소독기도 비치되어 있는지 확인해 봅니다. 개인 위생을 위해 칫솔 소독기를 사용하여 칫솔과 양치컵 모두 깨끗하게 관리되고 있으며, 소독기 관리도 잘 이루어지고 있는지 함께 살피는 것이 좋습니다. 소독기는 사용하고 있으나 깨끗하게 유지되지 않는다면 소독기를 사용하나마나한 결과가 생기기 때문입니다. 아이들의 건강과 연결되어 있는 부분이므로 더욱 세심하게 살펴보아야 합니다.

✿ 실외 활동은 어디로 가는지 알아봅니다

실외 활동을 어디로 나가는지 물어보아야 합니다. 실외 활동은 필수 항목으로, 매일 나가 놀이합니다. 선생님들께서 아이들의 안전을 위해 최선을 다해 보살펴줍니다. 그러나 횡단보도를 두 번 건너 근처 놀이터로 실외 활동을 나간다면 혹시 모를 위험이 따를 수도 있으니, 가는 길이 아이들에게 안전한지 살펴볼 필요가 있습니다.

✿ 상황별 지도 방법은 어떻게 되는지 알아봅니다

어머님들은 각자 자신의 아이에게 걱정스러운 점이 있을 겁니다. 편식 문제, 아토피, 알러지로 조심해야 할 식단, 낮잠을 안 자는 것, 배변 문제, 대인 관계 등 여러 가지가 있을 겁니다. 그중에서 가장 걱정되는 부분을 물어보고 어린이집에서 어떻게 지도하고 있는지 확인할 필요가 있습니다. 여러 가지 상황에 따른 지도 방법은 우리 아이가 어린이집을 다니면서 선생님과 부모님이 지도를 통해 함께 개선해 나아갈 부분입니다. 어머님과 견해가 다른 지도 방법으로 지도한다면 아이의 행동은 개선되지 못하고 혼란한 상황만 초래할 수 있습니다.

입학 상담 때 엄마들은 '뭘 물어봐야 할까?'로 많은 고민을 합니다. 어린이집에 대해 뭘 알아야 질문을 할텐데, 아이를 처음 보내는 엄마들은 아는 것이 없으니 질문거리도 없고 뭘 질문해야 할지 막막하기만 할 뿐입니다. 어린이집에서 좀 더 많은 정보를 얻기 위해 질문해야 한다는 강박 관념은 내려놓고 편안한 마음으로 상담하면 됩니다. 우리 아이를 위해 정보를 알아내고자 함이 아니라 우리 아이가 즐겁고 편하게 다닐 수 있는지에 초점을 맞추고 생각하기 바랍니다.

입학 전에 챙겨야 할 서류와 준비물

어린이집마다 약간의 차이가 있지만 입학을 결정하면 작성해야할 서류를 한가득 줍니다. 또 개인적으로 준비해야 할 준비물 리스트도 줍니다. 원마다 요구하는 수와 종류는 조금씩 다릅니다. 그래서 미리 준비하는 것보다는 원에서 요구하는 물건의 종류를 듣고 준비하여야 착오를 줄일 수 있습니다. 미리 준비했다가 원에서준비할 필요가 없다고 할 수도 있기 때문입니다.

서류가 너무 많아 작성하다 보면 왜 이렇게 아날로그적으로 진행하는가 싶겠지만, 개인 정보에 관련된 동의를 받아야 하는 서류들이 많기 때문에 어쩔 수 없습니다. 아이의 기초 정보를 적는 서류가 있습니다. 이 서류는 신경써서 작성해야 됩니다. 담임 선생님께서 그 내용을 읽고 아이의 성향을 파악하고 있어야 아이를 대할때 참고하여 다가갈 수 있습니다.

예방 접종은 접종 시기에 맞춰 받아야 합니다. 어린이집은 단체생활을 하는 곳이기 때문에 필수 예방 접종이 완료되어 있어야 합니다. 어린이집에서 예방 접종과 영유아 검진을 관리하도록 되어있기 때문에 영유아 건강 검진을 받고 해당 서류를 매년 어린이집에 제출하여야 합니다. 깜빡하고 영유아 검진 시기를 놓쳐서 받지 못했다면 국가에서 지원하는 무료 영유아 건강 검진 외에 유료로도 검강 검진을 받을 수 있습니다. 영유아 건강 검진을 놓쳤다고 난감해 하지 말고 소아과병원에 가서 검진을 받으면 됩니다.

서류 이외의 준비물은 우리 아이 개인이 사용하는 물품이므로 준비해야 합니다.

공동으로 사용하는 활동에 필요한 풀, 가위, 스케치북, 색연필, 크레파스, 사인펜 등은 원에서 지급합니다. 개별적으로 준비하지 않아도 됩니다.

❶ 낮잠 이불

개인 준비물 중에서 가장 큰 것이 낮잠 이불입니다. 낮잠 이불은 너무 크지 않은 것으로 준비합니다. 시중에 낮잠 이불이 많이 나와 있습니다. 일반적으로 일체형 이불이 가장 무난합니다. 아기 때 사용하는 두툼한 이불은 수납이 쉽지 않습니다.

어린이집은 여러 아이들의 이불을 수납해야 하기 때문에 부피가 큰 이불을 보내면 이불장이 내 아이 이불로 꽉 찰 수 있습니다. 그러니 적당한 부피의 이불로 준비하면 됩니다. 가정에서는 베개를 사용하지 않는 아이들이 있기도 합니다. 그러나 어린이집에서는 개인 위생상 개인 용품으로 개별 침구를 사용하고 있기 때문에 개인 베개를 보내야 합니다. 사용하지 않더라도 비치되어 있어야 합니다.

❷ 네임 스티커

원으로 보내는 모든 물품에는 이름을 적어야 합니다. '나랑 똑같은 것을 쓰는 아이가 있겠어?' 라는 생각으로 그냥 보내기도 하는데, 의외로 똑같은 제품을 사용하는 아이들이 있습니다. 양치컵을 가지고 왔는데 아이들이 좋아하는 캐릭터가 비슷하기 때문에 똑같은 디자인의 양치컵이 세 개나 되기도 한답니다. 그러면 아이들끼리 서로 자기 것이라고 다툼의 소재가 되기도 하고, 바뀔 경우 개인 위생에도 좋지 않습니다.

그러므로 바뀌지 않도록 이름을 붙여 보내야 합니다. 네임 스티커는 필수는 아닙니다. 그러나 방수가 되는 제품으로 붙여서 보내주면 센스 있는 엄마가 된답니다.

❸ 치약, 칫솔, 양치컵

양치컵은 소독기에 넣고 사용하기 때문에 스테인리스 제품을 추천합니다.

❹ 개인 고리 수건

아이들이 손을 씻으면 개인 수건에 손을 닦습니다. 고리 수건이 걸고 사용하는 데 편리해서 대부분의 원에서는 고리 수건을 선호합니다. 집에서 사용하는 일반 수건을 사용하는 원도 있습니다.

수건은 7개 정도는 준비해야 합니다. 월요일에 한꺼번에 일주일 분을 받고 하루에 하나씩 사용할 때마다 가방에 넣어 보내 줍니다. 또 매일 아침에 수건을 하나 넣어 보내면 하원 때 가방에 오늘 사용한 수건을 넣어 보내주는 원도 있습니다. 원마다 조금 차이가 있습니다.

미술 활동을 하다가 수건이 흠뻑 젖어 중간에 교체해야 할 때 사용할 수 있도록 여벌 옷과 수건 1개를 같이 보내면 좋습니다.

❺ 도시락 (식판)

아이들이 가장 즐거워하는 시간은 식사 시간입니다. 식판을 개인적으로 준비할 수도 있고, 입학할 때 원에서 구입을 할 수도 있습니다. 개인적으로 준비하는 가장 큰 이유는 캐릭터 때문입니다. 아이들은 자기들이 좋아하는 캐릭터가 그려진 식판에 밥을 먹고 싶어 하므로 어머님들께서 사주는 경우가 많습니다. 원에서 판매하고 있는 식판은 인기 있는 캐릭터가 아닌 일반적인 캐릭터 식판입니다. 원에서 판매하는 식판을 굳이 사용하지 않아도 되니 원하는 것을 선택하여 사용하면 됩니다.

❻ 수저 세트

수저 세트는 플라스틱과 지퍼형 두 가지로 나뉩니다. 아이들이 스스로 정리하는 데는 지퍼형이 조금 쉽습니다. 그러나 세척 후에 말리는 데 시간이 많이 걸리고, 자칫 잘못하면 곰팡이가 생기기도 합니다. 플라스틱형은 세척은 쉬우나 잠금 부분이 잘 깨지는 단점이 있습니다.

수저도 크기가 다릅니다. 영아의 경우 수저가 작은 것을 선택하여야 아이들이 식사하기 편합니다. 수저나 포크는 디자인이 많이 들어가지 않은 것이 좋습니다. 올록볼록 디자인된 것은 예쁘기는 하지만, 세척이 잘 되지 않아 위생에 안 좋을 수 있습니다. 가장 단순한 디자인이 세척하기 가장 좋습니다.

❼ 턱받이

식사할 때 유난히 많이 흘리는 아이나 옷에 음식물이 묻는 것을 싫어하는 부모님은 턱받이를 보내기도 합니다. 턱받이는 필수 항목은 아니므로 부모님께서 선택하면 됩니다.

❽ 개인 물컵 (빨대컵)

개인 물컵을 사용하는 어린이집도 있고, 스테인리스 물컵을 공용으로 사용하는 어린이집도 있습니다. 개인 물컵을 준비할 때는 흘리지 않고 먼지나 이물질이 들어가지 않도록 뚜껑이 있는 것이 좋습니다.

❾ 여벌 옷

여벌 옷은 티셔츠, 바지, 팬티, 양말을 보내면 됩니다. 실수하지 않거나 갈아입을 이유가 없으면 입지 않는 말 그대로 여벌 옷이기 때문에 학기가 지나도록 한 번도 안 입는 아이도 있습니다. 자주 입지 않는 옷을 보내주는 것이 좋습니다. 새 옷을 보내면 한 번도 안 입고 작아질 수도 있기 때문입니다.

어린이집 선택 리스트

1. 집에서 어린이집까지 몇 분 정도 소요되는가?

2. 선생님들의 경력과 근속연수는?

3. 선생님과 아이들의 표정은 어떠한가?

4. 교사 대 원아의 비율은?

5. 담임 선생님은 어떤 분이신가?(꼭 이야기를 나누어 보세요)

6. 열린 어린이집으로 지정되어 있는가?

7. 부모 부담금이 얼마인가?

8. 특기 활동은 어떤 것을 하고 있나?

9. 문제 상황 발생 시 지도하는 방법은 어떻게 되는가?

10. 등하원 시간은? (연장 보육)

11. 방학은 어떻게 운영되는가?

12. 교구가 아이들이 가지고 놀기에 충분한가?

13. 어린이집 시설 중 위험한 곳은 없는가?

14. 주방 및 화장실의 청결 상태는 어떠한가?

15. 식재료는 어디서 구입하는가?(안전한 유기농 제품을 사용하
는가?, 식재료는 국내산인가?)

16. 실외 놀이는 어디로 가는가?

17. 제공하는 식사량은 적당한가?

18. 칫솔 살균 소독기가 비치되어 있는가?

19. 우리 아이가 차량 이용 시 차량 탑승 시간은 얼마나 되는가?

20. 차량에 잠자는 아이 확인 장치가 설치되어 있는가?

2

어린이집에서
너의 생활이 궁금해

1

적응

"출근을 안 할 수도 없고, 바쁜데 적응 기간이 꼭 있어야 하나요?"
"저희 아이는 예민하지 않아 잘 적응할 것 같은데요."

요즘 맞벌이로 아빠도 엄마도 매우 바쁘기 때문에 입학 상담을 할 때 적응 기간을 안내하면 이런 질문을 하는 부모님들이 있습니다.

적응 기간에는 주 양육자가 참석하는 것이 좋습니다. 맞벌이로 바쁘다면 할머님이 적응 기간 프로그램에 참여하여도 됩니다. 적응 기간은 아이가 적응을 할 수 있도록 도움을 주는 기간이므로 굳이 부모님이 참여하지 않아도 됩니다. 아이가 새롭고 낯선 공간인 어린이집에 처음 와서 불안함을 느낄 때, 내편 또는 내가 아는 사람이 있다면 불안감을 없애고 든든하고 안전한 느낌을 줄 수 있습니다.

새로운 환경에 친구들도 낯설고 선생님도 낯선데, 말을 시키고 다가와 함께 놀자고 하면 불편할 수 있습니다. 외국에 나갔다가 들어올 때를 생각해 봅시다. 말도 안 통하고 모르는 사람들 사이에 있다가 공항에 내려 게이트를 빠져 나올 때 마중나온 가족을 보면 너무 반갑고 든든합니다. 우리 아이가 지금 그 상황입니다. 낯선 어린이집은 외국이고, 엄마는 마중나온 가족입니다. 아이들은 안정감을 느끼기 위해 놀이를 하다가도 엄마가 있는지를 계속 확인하고, 엄마에게 왔다가 다시 놀이하러 가기도 합니다.

신입 원아 적응 프로그램은 최소 5일 이상 하도록 되어 있습니다. 영아는 안정적인 적응을 위해 좀 더 길게 진행하고 있습니다. 이것은 원마다 차이가 좀 있습니다.

첫날 » 엄마와 함께 교실로 와서 1시간 정도 놀이를 합니다.

2일 » 엄마와 2시간 놀이를 합니다.

3일 » 엄마와 문 앞에서 헤어지고 점심을 먹기 전에 하원합니다.

4일 ≫ 점심 식사까지 하고 하원합니다.

5일 ≫ 낮잠을 자고 하원합니다. 이때는 낮잠 후 바로 하원하기도 하고, 오후 간식까지 먹고 하원하기도 합니다.

기본적인 적응 프로그램은 위와 같지만, 아이마다 적응 속도가 다르기 때문에 2주가 걸릴 수도 있고 한 달이 걸릴 수도 있습니다. 적응 기간은 아이의 속도에 맞추어 담임 선생님께서 부모님과 상의하여 진행하게 됩니다.

첫날부터 너무 잘 지내주는 아이도 있습니다. 엄마의 존재가 무색할 정도로 친구와 잘 지내고, 처음 온 아이가 맞나 싶을 정도로 교실 이곳저곳을 누비며 놀이를 잘 하는 경우입니다.

'이렇게 적응을 잘하는데 꼭 적응 기간이 필요할까?'

라고 생각할 수도 있습니다.

그런데 처음에 잘 놀던 아이도 하루 이틀 지나면서 새롭고 신기하기만 했던 새로운 놀잇감과 친구들에 대한 호기심이 떨어지고, 엄마 없이 적응해야 하는 상황을 인지하면서부터 불안해지기 시작합니다. 그래서 엄마와 더 떨어지지 않으려고 거부 반응을 보이게 됩니다. 결국 울면서 어린이집 등원을 거부하는 상황이 옵니다.

입학하면 아이들은 엄마와 헤어져 혼자 어린이집에서 지내야 한다는 상황이 불안하고 싫습니다. 처음에는 적응을 잘하는 듯 보였으나, 이때부터 울며 등원을 거부하게 됩니다. 적응 기간에 울며 등원하면 엄마는 '오늘도 많이 울꺼야!'라고 마음의 준비를 하고 오기 때문에 우는 것을 당연하게 받아들입니다. 그런데 처음에는 잘 다니던 아이가 나중에 등원을 거부하면 어머님의 불안은 더 커집니다. 처음에 잘 지내던 아이가 울며 안 간다고 하니 당황스럽기도 하고, '무슨 일이 있나?' 더욱 걱정스러워지게 마련입니다.

적응 기간 초반에 울지 않고 잘 다니는 아이의 부모님께 "며칠 지나면 안 간다고 울며 등원을 거부할 수 있어요."하고 미리 이야기해 드립니다.

그러면 부모님들은 믿지 않습니다.

'웃으며 잘 헤어지고 재미있게 잘 다니는데, 선생님은 왜 이런 말씀을 하시지?'

'우리 아이는 너무 잘하고 있으니 앞으로도 잘할 거야!'

이해를 못하다가 선생님의 이야기대로 아이가 울며 등원을 거부하면 "선생님 말씀이 어떤 건지 알겠어요. 이런 거군요."하고 이해하게 됩니다.

이럴 경우 걱정하지 않아도 됩니다. 자연스러운 적응 과정입니다. 적응을 위한 등원 거부 현상은 반드시 한 번은 찾아옵니다. 아이에 따라 3일만에 오기도 하고, 일주일 뒤에 오기도 하고, 한 달 뒤에 오기도 합니다. 오는 시기는 다르지만 한 번은 거쳐야 할 과정입니다. 제가 9년간 어린이집 교사를 하는 동안 울지 않고 적응을 잘한 아이는 오직 한 명뿐이었습니다.

🧱 어린이집 가기 싫어!

아침에 두 눈을 떼지 못해 눈을 감고 얼굴을 가리며 웁니다. 일어나기 힘들어 하는 아이를 억지로 깨워 세수시키고 간신히 달래가며 밥 한 숟가락을 먹입니다. 옷을 입을 때도 여전히 눈을 꼭 감고 뜨지 않습니다.

"어린이집 가기 싫어. 안 갈 거야!"

아이는 온몸으로 울며 어린이집에 가고 싶지 않다고 합니다. 어린이집에 가고 싶지 않은 마음을 최대한 늦장을 부리는 것으로 표현해 봅니다.

또 어떤 아이는 엄마가 깨우면 일어나 잘 씻고, 잘 먹고, 어린이집 갈 준비를 마치고 엄마의 손을 잡고 신나게 집을 나섭니다. 그런데 길모퉁이를 돌아 어린이집이 보이자 엄마의 다리를 부여잡고 울음을 터트립니다. "어린이집에 안 갈 거야!"를 외치며 등원을 거부합니다.

이럴 때 엄마는 난감해집니다. 싫다는 아이를 억지로 보내는 게 나쁜 엄마인 것 같은 죄책감이 들기 때문입니다.

어린이집 벨을 누르면 선생님이 환하게 웃으며 나와 인사를 나눕니다. 울며 엄마에게 안긴 아이는 선생님의 등장에 더욱 거세게 엄마의 목을 끌어안습니다.

"선생님이 우리 현우를 데리러 나오셨네. 선생님께 인사하고 교실로 들어가자."

"반가워 현우야! 교실에서 친구들이 기다리고 있어. 우리 오늘 무슨 놀이를 할까? 현우가 좋아하는 자동차도 준비해 놓았는데 오늘 자동차 타는 놀이를 해볼까?"

"선생님께서 현우 좋아하는 자동차도 준비하셨대. 우리 현우 좋겠네. 자동차 타고 놀아보자."

선생님과 엄마의 대화가 오고갈수록 아이는 엄마의 목을 더 꽉 붙잡습니다. 울음 소리는 더욱 커지고 엄마의 품속으로 깊게 파고듭니다. 결국 엄마는 품에서 아이를 억지로 떼어 선생님께 안겨드리고, 인사도 제대로 못한 채 교실로 안겨 들어가는 아이의 모습을 하염없이 바라봅니다. 울음 소리가 온 어린이집에 울려 퍼집니다. 문을 닫고 나와서도 들리는 아이의 울음 소리에 엄마는 발걸음이 떨어지지 않아 한참을 어린이집 문 앞에서 서성거리다 울음 소리가 그치면 발길을 돌려 집으로 향합니다.

집으로 가는 내내 엄마의 머릿속은 복잡합니다. '이렇게까지 아이를 울리며 어린이집에 보내야 하는 걸까?' '내가 좀 더 데리고 있어 볼까?' '다시 데리고 집으로 갈까?' '잘 놀고 있나?' '나는 나쁜 엄마인가?' '왜 어린이집에 가기 싫어하지?' '친구들이 안 놀아주나?' '이 어린이집이 안 맞나?' '선생님이 혼내시나?'

생각은 꼬리에 꼬리를 물고 나쁜 엄마에서 아동 학대에 이르기까지 다양한 상상을 하게 됩니다.

적응 기간 동안의 등원 거부 행동은 자연스러운 현상입니다. 이 경우에는 아이를 믿고 기다려주는 엄마의 행동이 아주 중요합니다.

아이는 집에서 엄마와 자신이 하고 싶은 일을 하며 하루를 보냈을 겁니다. 먹고 싶을 때 먹고, 자고 싶을 때 자고, 놀이도 내가 하고 싶은 장난감을 가지고 합니다. 어린이집에 오니 지켜야 할 규칙들이 너무 많습니다. 아이가 블록으로 힘들게 집을 만들어 이제 재미있게 놀이를 하려고 하는데, 밥을 먹어야 하니 정리하라고 합니다. 놀지도 못했는데 정리를 하라니. 기분이 나쁩니다. 내가 만든 블록 집에 지금 당장 아빠 인형이 필요한데 다른 친구가 놀이하고 있어서 기다려야 합니다. 기분이 나빠집니다.

자유롭게 지내던 아이가 규칙을 알아가며 지켜야 하니 당연히 힘들 수밖에 없습니다. 어른들도 새로운 곳에 가면 적응하고 규칙을 지키기 쉽지 않듯이 아이에게도 마찬가지입니다.

어린이집 적응을 잘 하기 위해서는 '마음 준비 프로젝트'를 해야 합니다. 미리 마음의 준비를 해두는 것입니다. 입학 준비 과정 동안 입학하는 날짜를 달력으로 보여 주며 날짜를 정확하게 매일 이야기 해 줍니다.

"오늘은 3일이야. 지원이가 어린이집 가는 날은 10일이야. 일곱 밤 자고 나면 어린이집에 갈 거야."

다음 날에는 "여섯 밤 남았네."하며 하루가 지나면 어린이집 가는 날이 며칠 남아 있다는 것을 인지시켜 아이 나름대로 마음의 준비를 할 수 있도록 합니다.

아이를 데리고 내가 다닐 어린이집을 자주 보여주는 것도 좋은 방법입니다. 처음 접하는 새로운 환경보다는 눈에 익숙한 환경은 부담이 덜 갑니다. 마트에 갈 때나 아이를 데리고 산책을 나오면 어

린이집 쪽으로 지나다니며 자주 어린이집을 보여 주어 가는 길이
익숙해지게 해줍니다.

"너 이렇게 떼를 부리면 선생님한테 혼나. 앞으로 어린이집 가면
어떻게 하려고 그래?"

"밥도 혼자 못 먹고 동생들 앞에서 창피하겠네. 이제 너 스스로
먹어봐."

가끔 어머님들 중에 이런 이야기를 하며 어린이집과 선생님에
대해 부정적인 이미지를 줄 때가 있습니다.

어머님의 마음 충분히 이해합니다. 어린이집에 가서 집에서처럼
떼를 부리고 스스로 식사를 못하면 안 된다고 생각하기 때문에 아
이를 조금이라도 고쳐 보내고 싶으신 마음일 겁니다. 그러나 이런
부정적인 이미지들이 아이에게 어린이집은 안 좋은 곳, 무서운 곳
이라는 생각이 들게 하여 더욱 등원을 거부하게 만드는 요인이 될
수 있습니다.

"앞으로 우리 지원이가 다닐 어린이집이야. 놀이터도 있네. 지원
이랑 친구들이랑 선생님이랑 여기에서 놀면 재미있겠다."

"어린이집에 가면 선생님하고 교실에 들어가 공주님 놀이도 하
고, 친구들 하고 맛있는 밥도 먹고 신나게 놀 수 있을 거야."

긍정적이고 좋은 방향의 이야기를 해주어야 아이들이 어린이집은 재미있는 곳, 즐거운 곳이라는 긍정적 이미지를 갖게 됩니다. 그래야 어린이집은 즐겁고 가고 싶은 곳이라는 생각이 들게 할 수 있습니다.

등원 전 날 아이와 내일 어린이집에 가서 생활할 내용들에 대한 이야기를 충분히 나누면 좋습니다.

"내일은 어린이집에서 블록으로 우리 집 만들기를 한대. 현우도 엄마랑 우리 집 만들기 했었는데, 문도 만들고 정말 잘 만들었잖아. 선생님께 현우가 집 만드는 것을 보여드리자."

"현우야, 어린이집 끝나고 집에 오면 엄마랑 뭐하고 싶어?"

하원 후에는 아이가 엄마와 하고 싶어하는 것을 신나게 해주며 놀아주면 됩니다.

공룡 놀이를 좋아한다면

"어린이집 다녀오면 엄마랑 블록으로 기차를 만들어서 공룡 사냥을 가볼까?"

라고 이야기를 하며, 어린이집 하원 후에 엄마와 할 일들에 대한 기대감을 높여 줍니다. 이런 기대감을 주면 아이는 '어린이집을 다녀오면 엄마랑 즐겁게 놀 수 있구나'를 인지하여 어린이집에 가는 것을 즐겁게 생각하게 됩니다.

등원하는 날 아침에는 일찍 깨워 엄마와의 시간을 갖는 것이 좋습니다. 자고 일어나자마자 엄마에게 안겨 등원하거나 정신없이 하루를 시작하면 아이가 마음의 준비를 할 여유가 없습니다. 그래서 더 짜증을 냅니다. 평소보다 조금 일찍 깨워 여유 있게 준비를 마치고, 엄마와 함께 책을 읽거나 그림을 그리는 등 아이와 정적인 놀이를 함께하면서 어린이집에 갈 마음의 준비를 하는 시간을 갖습니다. 그런데 너무 재밌게 놀아주면 어린이집에 안 간다고 하는 부작용이 일어날 수 있으니, 적당한 수준으로 놀아주어야 합니다.

등원할 때 엄마와 헤어지는 인사가 길어지지 않도록 어머님께서 단호하게 할 필요가 있습니다. 아이가 울며 선생님께 안겨 교실로 들어갑니다. 선생님께서 데려가셨으니 발길을 돌리지만 엄마 마음은 커다란 돌덩이를 얹은 것 같이 무겁기만 합니다. 헤어질 때 엄마의 목을 놔주지 않는 아이를 안고 엄마는 짧은 시간이지만 많은 생각을 하게 됩니다.

'이렇게 가고 싶어 하지 않는데 오늘은 보내지 말까?'

'이러다가 앞으로 어린이집에 아예 가기 싫다고 하면 어쩌지?'

'아이를 어린이집에 보내는 것이 맞나?'

아이가 우는 모습에 마음이 아파 발걸음이 떨어지지 않는 것 이
해합니다. 그러나 이 의식이 길어질수록 아이도 지치고 엄마도 지
칩니다.

엄마는 불안함 때문에 눈빛이 흔들립니다. 아이들은 이런 엄마의
마음을 귀신같이 알아챕니다. 엄마도 못 느낀 임신을 아이들의 촉으
로 엄마보다도 먼저 느낀다고 합니다. 아이들의 촉이 생각보다도 더
뛰어납니다. 아이들은 엄마의 흔들리는 마음을 이용한답니다.

'내가 힘들어 하고 우는데 엄마 안 데리고 갈 거야? 날 이렇게 울
게 놔둘 거야?'

이런 마음으로 더욱 크게 더욱 심하게 울며 엄마에게 매달리게
됩니다.

우리 아이가 잘 적응하기를 원한다면 불안해 하는 엄마의 모습
을 아이에게 들키면 안 됩니다. 불안은 전염됩니다. 엄마의 작은 흔
들림도 아이들은 다 느끼고 있습니다. 엄마의 불안함이 감지되면
아이는 '이때다!' 하고 거세게 몰아붙입니다. 더 세게 크게 울면 엄
마가 다시 집으로 데리고 갈 것 같은 작은 희망을 가지고 아이는 더
크게 울게 됩니다. 엄마의 불안한 마음이 아이까지 불안하게 할 수
있으므로 헤어질 때는 짧고 간단하게 밝은 표정으로 아이와 헤어지

는 것이 좋습니다.

"어린이집에 가고 싶지 않아? 그렇구나. 그렇지만 어린이집은 가야 해. 놀이하고 낮잠 자고 엄마가 4시에 데리러 올께! 엄마하고 공룡 사냥 가기로 했지? 이따가 집에서 공룡 사냥하러 가자!"

단호하지만 부드러운 목소리로 아이의 가고 싶지 않은 마음을 읽어 주고, 엄마가 정확히 언제 데리러 올 것인지 약속 시간을 알려 주면 됩니다. 그리고 약속한 시간에 반드시 데리러 와야 합니다.

'엄마가 약속을 지키는구나. 기다리면 엄마가 데리러 오는구나!'

이런 긍정적인 경험이 쌓이면 아이는 엄마가 약속한 시간에 데리러 올 것을 알기 때문에 울지 않고 등원할 수 있습니다. 그러므로 약속한 시간은 반드시 지켜야 합니다. 점심 먹고 데리러 오겠다고 하고 4시에 데리러 오면 엄마와의 신뢰가 깨져 엄마와 더욱 떨어지지 않으려고 합니다.

📦 꼭 9시까지 등원해야 하나요?

집에서 생활할 때는 충분히 자고, 일어나고 싶을 때 일어났을 겁니다. 어린이집에 다니면 처음으로 규칙적인 생활을 해야 하므로 긴장도 되고 적응해야 한다는 스트레스로 인해 아침에 시간을 맞춰 일어나기가 쉽지 않습니다.

엄마도 아이도 적응하느라 몸도 마음도 피곤해 늦잠을 자는 경우가 많습니다. 아이가 피곤해 하는 것이 안쓰럽기도 하고, 꿀잠을 자고 있는 아이를 깨우면 울고 짜증을 내기도 합니다. 이런 아이를 깨우려면 엄마는 아침부터 피곤해집니다. 짜증 내는 아이와의 전쟁이 시작되기 때문입니다. 그래서 안쓰러운 마음에 충분히 자고 일어나게 하는 어머님들이 많습니다.

피곤하면 면역력이 떨어지고 코피를 흘리는 등 건강상 안 좋은 결과가 나타날 수 있습니다. 그러면 충분히 잠을 자고 등원하는 것이 맞습니다. 그러나 아이가 적응하는 기간 중에는 10시까지는 등원하는 것이 바람직합니다.

윤아는 11~12시 사이에 등원하는 아이였습니다. 늦게 귀가하는 아빠를 기다렸다가 놀고 1시에서 2시 사이에 잠을 자기 때문에 아침에 일어나기가 힘들었습니다. 새벽에 잠이 드니 피곤해서 아침에 일어날 수 없었습니다.

충분히 잠을 자고 11시에 등원하면 친구들과 놀이할 시간이 부족합니다. 벌써 친구들은 놀이 모둠을 형성하고 재미나게 놀고 있습니다. 놀이 안에서 각자의 역할을 하며 신나게 놀이하고 있습니다. 어느 친구와 놀이를 할까? 둘러보고 놀이에 참여하기 위해 여기저기 기웃기웃 거리며, 함께 놀이할 친구를 찾습니다.

어떤 날은 지유가 "윤아야! 우리 공주 놀이하고 있는데 같이 할래?"하고 먼저 이야기해 줄 때도 있지만, 오늘 따라 친구들은 자신의 놀이를 하느라 바쁘기만 합니다. 쭈뼛거리는 윤아에게 선생님이 함께 놀이하자고 제안하여 친구들과 놀이를 시작했습니다.

이제 좀 재미있게 놀이가 진행되려고 하면 점심 먹을 시간입니다. 점심 식사 후 조금 놀이를 하고 나면 낮잠 시간이 금방 다가옵니다. 낮잠을 자고 일어나면 얼마 놀지 못하고 하원 준비를 하게 됩니다.

오전에 놀이가 집중되어 있기 때문에 늦게 등원하면 친구들은 이미 놀이를 하고 있기 때문에 놀이에 끼는 것이 쉽지 않습니다. 나중에는 친구들이 놀아주지 않는다고, 어린이집이 재미 없어 가기 싫다고 하는 결과로 이어집니다.

어린이집은 하루 일과를 시간에 맞추어 계획하여 진행하고 있습니다. 어머님께서 조금 힘들더라도 일찍 자고 일찍 일어나는 습관을 길러주어 제시간에 맞춰 하루 일과가 시작되도록 하여야 합니다. 특히 학교 입학을 앞둔 만 5세 아이들이라면 더욱더 시간을 맞추어 일어나는 연습이 필요합니다. 초등학교 입학 후에도 어린이집 다닐 때의 습관을 고치지 못해 지각하는 아이들이 있습니다.

📺 선생님 자녀도 어린이집 안 가겠다고 울어요

"현준이는 얼마나 좋을까? 엄마랑 함께 어린이집을 다녀서….
선생님은 좋으시겠어요. 아이랑 함께 근무할 수 있잖아요."

워킹맘이신 어머님들께서 자주 하는 얘기입니다. 저는 그저 웃습니다.

저도 똑같은 워킹맘입니다. 저희 아이들도 어린이집에 가기 싫다고 운답니다. 엄마만 어린이집에 가라고, 힘들어서 오늘 하루 집에서 쉬어야겠다고 이야기하기도 합니다.

어머님들께서는 엄마가 함께 어린이집에 있으니 안 울 거라고 생각하겠지만, 아이들의 마음은 모두 똑같습니다. 엄마가 함께 있고 없고의 문제가 아니라 어린이집에는 가기 싫고 집에서 편히 쉬고 싶은 마음입니다. 자유롭고 편한 집이 좋은 겁니다.

워킹맘들께서는 엄마가 함께해 주지 못해서 아이가 어린이집에 안 가겠다고 운다고 미안한 마음을 많이 가집니다. 그러나 엄마가 옆에 있어도 웁니다. 저의 경우뿐만 아니라 다른 교사의 자녀도 마찬가지로 엄마가 옆에 있어도 웁니다. 엄마가 옆에 함께 있어 주지 않아서 아이들이 어린이집에 가기 싫은 것이 아닙니다. 그러므로 아이에게 너무 미안해 하지 않았으면 좋겠습니다.

만 0세의 하루 일과

시간	활동 내용	시간	활동 내용
07:30 ~09:00	등원 및 맞이하기	07:30 ~08:30	영아 맞이하기
09:00 ~09:30	오전 수유, 이유하기 및 기저귀 갈기/씻기	08:30 ~09:30	오전 수유 및 기저귀 갈기/ 손씻기(맞춤형 원아 등원)
09:30 ~10:30	실내 자유 놀이 (맞춤형 원아 등원)	09:00 ~10:10	실내 자유 놀이
		10:10 ~10:40	실외 놀이
10:30 ~12:00	오전 수유 및 낮잠	10:40 ~11:10	오전 수유 및 낮잠 준비
12:00 ~13:00	수유나 점심 식사/이닦기	11:10 ~12:10	오전 낮잠
13:00 ~14:30	실내 자유 놀이	12:10 ~13:10	수유 및 이유식/ 기저귀 갈기/손씻기/이닦기
14:30 ~15:30	오후 수유 및 낮잠	13:10 ~14:10	실내 자유 놀이
15:30 ~16:00	실외 놀이 (맞춤형 원아 하원)	14:10 ~14:40	오후 수유
16:00 ~16:30	기저귀 갈기/ 손·발닦기/이유식	14:40 ~15:30	오후 낮잠/산책 및 일광욕 (맞춤형 원아 하원)
16:30 ~17:30	실내 자유 놀이	15:30 ~16:30	기저귀 갈기/ 손·발닦기/이유식
17:30 ~18:30	수유 및 낮잠	16:30 ~17:30	실내 자유 놀이
18:30 ~19:30	세면 및 귀가 지도	17:30 ~18:30	저녁 수유/기저귀 갈기/ 손씻기/이닦기
		18:30 19:30	휴식 및 부모 맞이하기

만 1세의 하루 일과

시간	활동 내용
07:30~09:10	등원 및 오전 통합 보육
09:00~09:40	손씻기 및 기저귀 갈기/오전 간식 (맞춤형 원아 등원)
09:40~10:40	실내 자유 놀이
10:40~11:00	정리 정돈 및 기저귀 갈기/배변 활동, 실외 놀이터로 이동
11:00~11:40	실외 놀이
11:40~12:20	점심
12:20~12:40	이닦기 및 기저귀 갈기/세면 및 옷 갈아입기
12:40~15:00	낮잠 준비 및 낮잠
15:00~15:20	낮잠 깨기 및 정리 정돈/기저귀 갈기
15:20~16:10	손씻기 및 오후 간식 (맞춤형 원아 하원)
16:10~18:00	오후 실내 자유 놀이
18:00~19:30	오후 통합 보육

만2세 반의 하루 일과

시간	활동 내용
07:30 ~09:00	등원 및 통합 보육
09:00 ~09:30	오전 간식
09:30 ~10:50	오전 실내 자유 놀이 (맞춤형 원아 등원)
10:50 ~11:10	정리 정돈 및 화장실 가기
11:10 ~11:50	오전 실외 놀이
11:50 ~13:20	점심 식사 및 이닦기
13:20 ~15:00	낮잠
15:00 ~15:30	화장실 가기 및 오후 간식 (맞춤형 원아 하원)
15:30 ~16:50	오후 실내 자유 놀이
16:50 ~17:30	오후 실외 놀이
17:30 ~19:30	귀가 및 통합 보육

만 3~5세 반의 하루 일과

시간	활동 내용
07:30 ~09:00	등원 및 통합 보육/오전 간식
09:00 ~10:30	오전 자유 선택 활동
10:30 ~10:50	정리 정돈 및 화장실 가기
10:50 ~11:20	대 · 소집단 활동
11:20 ~12:20	실외 활동/손씻기
12:20 ~13:20	점심 식사 및 이닦기
13:20 ~14:00	조용한 활동/ 정리 정돈 및 낮잠 준비
14:00 ~15:40	동화 듣고 낮잠 및 휴식하기
15:40 ~16:10	낮잠 깨기 및 정리 정돈
16:10 ~16:30	오후 간식
16:30 ~17:40	오후 자유 선택 활동
17:40 ~18:00	귀가 준비

출처 : 서울육아종합지원센터(seoul.childcare.go.kr) → 어린이집 하루 일과

놀고

🎲 친구가 안 놀아줘

"선생님, 미연이가 친구들이 안 놀아준다고 어린이집에 가기 싫다고 하는데 친구들과 못 어울리나요?"

미연이 어머님께서 걱정스러운 목소리로 전화를 하셨습니다.

미연이는 만 4세 아이입니다. 친구들의 좋고 싫음이 명확한 아이입니다. 남자 친구들과는 놀이를 하려고 하지 않았고, 자신이 좋아하는 주희와 단둘이 놀이를 하려고 하는 성향이 강한 아이였습니다.

미연이는 오늘도 주희와 놀이를 하려고 등원하여 주희에게 다가
갔으나 주희가

"나 지금 정아와 놀이하고 있어. 우리 정아랑 셋이 같이 놀자."

주희와 둘이서 놀기를 원했던 미연이는 마음에 내키지 않았지만
주희의 제안에 정아와 셋이 놀이를 하였습니다.

하원 후 미연이는 주희와 단둘이서 놀이하지 못한 것이 속상하
여 엄마에게 친구가 놀아주지 않는다고 이야기한 것이었습니다. 주
희는 항상 미연이와 둘이서만 놀이를 했습니다. 다른 친구와도 놀
이를 하고 싶어 함께 놀자고 제안했는데, 미연이는 그것이 서운하
여 주희가 자신과 놀아주지 않는다고 받아들인 겁니다.

아이가 집에 돌아와서 친구들이 안 놀아준다고 이야기하면 어머
님들은 걱정스럽습니다. 지금 사회가 왕따 문제, 인성을 중요시하
는 문제를 많이 다루고 있기 때문에 우리 아이가 혹시 왕따를 당하
는 것은 아닌지 덜컥 겁이 납니다.

이때 아이의 말을 잘 들어 보아야 합니다. 아이들은 자신의 감정
이 중요하기 때문에 사실이 아닌 것을 사실인 것처럼 받아들이는
경우가 있기 때문입니다. 미연이의 경우처럼 주희가 같이 놀이를
안 한 것이 아닙니다. 그러나 미연이는 둘이서만 놀이를 하고 싶은

데, 정아와 셋이 놀이하는 것이 마음에 들지 않았습니다. 그리고 항상 자신과 놀아주던 주희가 셋이 놀이를 하자고 한 것을 자신과 놀이를 하지 않겠다는 뜻으로 받아들인 겁니다.

아이들의 "친구가 안 놀아 줘…."라는 말 속에는 어떤 마음이 있는지 알아주어야 합니다.

"선생님, 영호를 데리고 키즈 카페에 갔는데 혼자서만 놀아요. 다른 친구들 하고 어울리지 않는데 왜 그런 거죠? 우리 영호 어린이집에서도 혼자 놀이하나요?"

만 2세 영호 어머님께서 물어오셨습니다. 영호의 경우에는 발달 단계에 대한 이해가 필요합니다.

만 1세까지는 병행 놀이를 하는 시기입니다. 아직 사회적 대인 관계 형성이 미흡한 아기들의 놀이 방식입니다. 그러다 만 2~3세가 되면 연합 놀이가 부분적으로 들어와 병행 놀이와 연합 놀이를 섞어서 합니다. 친구와 놀이를 하기 시작하는 단계입니다. 혼자서 놀이를 하다가 친구에게 장난감을 건네주기도 하고, 함께 거울을 보거나 서로를 보며 웃기도 합니다.

만 4~5세가 되면 혼자서 하는 놀이보다는 친구와 역할 놀이를 하는 것을 즐거워하며 연합 놀이를 하게 됩니다. 엄마들이 일반적으로 알고 있는 놀이의 개념을 실행하는 시기는 만 4~5세 때입니다. 그 이전에는 혼자 놀이를 하더라도 걱정할 필요가 없습니다. 그것은 자연스러운 발달 단계 안에 있으므로 문제가 되지 않습니다.

영호는 만 2세이기 때문에 혼자 하는 놀이가 좋은 병행 놀이 단계에 있으므로 병행 놀이를 즐겼을 뿐입니다. 키즈 카페는 낯설고 새로운 친구들을 만나는 곳이기 때문에 영호에게는 불편했을 수도 있습니다. 새로운 친구에게 말을 거는 것은 어렵고 어른에게도 어려운 일이고 부담스러운 일입니다. 이 부분은 아이의 성향에 따라 차이는 있겠지만, 자연스럽게 만 3세가 되면 친구에게 "너 몇 살이야?"라고 질문하며 말을 건네고 자연스럽게 어울려 놀이를 합니다. 그러니 걱정할 필요가 없습니다.

간혹 만 4~5세가 되어도 병행 놀이를 즐겨하는 아이들이 있습니다. 이런 아이는 대물 지향적 성향이 강하여 사물에 관심이 많습니다. 이 때문에 친구보다는 장난감, 놀이 기구 등에 관심을 보이며 탐색하는 것을 즐깁니다.

동준이는 만 5세이지만 혼자 놀이하는 것을 즐기는 아이였습니다. 동준이에게 물어보면 혼자 놀이하는 것이 좋다고 이야기합니다. 그렇다고 친구들과 전혀 어울리지 않는 것은 아니었습니다. 친구가 함께 놀자고 제안하면 함께 놀이도 하였습니다. 또래 친구들은 친구들과의 연합 놀이가 90% 정도라면 동준이는 40% 정도 되었습니다. 이것은 그 아이의 성향입니다.

선생님은 아이의 성향을 인정해 주고 혼자서 놀이를 할 수 있도록 지지해 줍니다. 그러다가 동준이가 친구와 놀이를 하려고 하면 자연스럽게 개입하여 친구들과 어울릴 수 있게 놀이를 확장시켜 주며, 놀이를 풍성하게 할 수 있도록 도움을 줍니다. 너무 소극적이어서 친구들과 놀이를 하고 싶은데 못하는 경우도 있기 때문입니다. 선생님은 아이들을 관찰하고 있다가 어려워하는 친구들이 있다면 놀이에 참여할 수 있게 개입하여 도움을 줍니다.

어머님들께서는 아이가 모든 친구와 사이좋게 잘 어울리며 놀이하기를 원합니다. 그러나 굳이 그럴 필요는 없습니다. 두루두루 잘 지내는 아이가 있는 반면에 미연이처럼 한 명의 친구와 관계를 유지하고 싶어 하는 아이도 있습니다.

우리가 어렸을 때를 생각해 보면 한 교실에 수십 명의 친구들이 있었지만, 그중 친하게 지내는 친구는 몇 명밖에 되지 않았습니다. 굳이 모든 아이들과 잘 어울리기를 강요하기보다는 아이 성향에 맞게 더 친밀하게 지내는 몇 명의 친구만 있어도 걱정하지 않아도 됩니다.

🧊 친구를 깨물고 때리고

"어머님, 선우가 같은 반 친구 준형이의 등을 물어서 상처가 났어요."

물린 준형이 어머님께도 상처가 났음을 알리고 사과를 드린 뒤 선우 어머님께 전화를 드렸습니다. 이런 전화를 드릴 때면 마음이 무겁습니다. 아이들의 행동은 우리가 생각하는 것보다 매우 빠릅니다. 그래서 눈 깜짝할 사이에 깨물고 꼬집습니다. 선생님이 옆에 있어 재빨리 대처한다면 다행히 상처가 안 나지만, 조금이라도 늦으면 여린 아이의 살에 바로 빨갛게 자국이 남습니다. 혹여 상처가 남지는 않을까? 아이의 상처를 보고 속상할 부모님을 생각하면 선생님의 마음은 무겁습니다.

만 1세인 선우는 친구들을 자주 깨무는 아이였습니다. 어떤 상황에서 깨무는지 살펴 보았더니 기분이 좋아 흥분했을 때 옆에 있는 친구를 깨물었습니다. 이렇게 감정 표현을 위해 깨무는 모습을 보고 어머님께 가정에서 부모님이나 누가 선우를 깨물지 않는지를 여쭤 보았습니다. 어머님께서 선우와 놀이를 하다가 귀여운 행동을 하면 엉덩이나 볼을 깨무셨다고 하였습니다. 선우의 경우에는 깨무는 행동이 기분 좋은 표현이라고 잘못 인지되었던 것이었습니다. 가정에서도 깨무는 것을 멈추고 귀여울 때는 꼭 안아주시거나 "너무 귀여워!"하고 말로 표현해 주실 것을 부탁드렸습니다. 어머님도 적극 협조해 주셔서 선우의 깨무는 행동은 수정될 수 있었습니다.

아이들이 깨물고 때리는 행동을 보이면 원에서는 아이를 여러 방면에서 관찰합니다. 어떤 상황에서 아이가 이런 행동을 하는지 파악을 하여 원인을 찾습니다.

그 원인은 대부분 세 가지로 파악됩니다.

첫 번째는 선우의 사례와 같은 모방 행동입니다.

영아들에게 가장 많이 나타나는 원인입니다. 가정에서 귀엽다고 볼을 꼬집거나 '앙'하고 깨무는 행동을 모방하여 그대로 따라하는 경우입니다. 아기라서 잘 모를 거라고 생각하고 엉덩이를 때리는 행동, 또는 형제나 자매들이 때리는 행동을 보고 모방하기도 하고, 미디어를 보고 모방 행동을 하기도 합니다.

영아에게서 이런 폭력적인 행동이 발견되면 가정에서 장난으로 하는 행동 중에 폭력적인 것이 없는지 체크해 보아야 합니다. 부모님께서는 귀여우니 살짝 깨무는 행동을 한 것이지만, 아이는 힘 조절 능력이 미숙하기 때문에 살짝 깨물지 못하고 세게 물어버립니다. 가정에서 이런 상황이 확인되면 그런 행동을 멈추고, 더 이상 하지 않도록 주의해야 합니다.

두 번째는 말로 표현이 잘 되지 않는 경우입니다.

영아의 깨물고 때리는 행동은 흔히 일어나는 일입니다. 만 1세 때 가장 많이 발생하는 일이 깨물고 때리는 행동입니다. 이 시기의 아이들은 자기의 생각을 말로 표현하는 것이 미숙하기 때문에 손이나 행동으로 표현하게 됩니다. 그 행동으로 표현되는 것이 깨물고 때리기입니다.

이렇게 자기의 생각을 말과 행동으로 표현하다가 만 2세가 지나 말로 표현할 수 있는 능력이 늘어나면 말로서도 충분히 설득할 수 있고 자신의 의사를 전달할 수 있게 되기 때문에 깨물거나 때리는 행동은 점차 줄어듭니다.

아이들이 때리는 행동을 했을 때에는 어떠한 경우에도 깨물거나 때리는 등의 폭력적 행동은 용납될 수 없다는 것을 알려주어야 합니다. 만 1~2세에게는 단호하게 안 된다고 이야기해서 안 되는 행동임을 인지시켜야 합니다. 이때에는 길게 설명하기보다는 안 된다는 것을 단호한 어조로 이야기해야 합니다. 그래야 깨물거나 때리는 행동은 하면 안 된다는 것을 인식하게 됩니다.

만 3세 이상이 되면 말로도 충분히 의사소통이 가능하기 때문에 이유를 설명해 줍니다. 이때도 단호함을 잃어서는 안 됩니다. 폭력과 상대를 아프게 하는 행동은 안 된다는 것을 일관되게 알려주어야 합니다.

세 번째는 스트레스가 많아 폭력으로 스트레스를 표출하는 경우입니다.

스트레스 상황은 여러 가지가 있을 수 있습니다. 아이에게 가장 큰 스트레스 상황은 동생의 출생입니다. 그 외에 부모님의 잦은 싸움, 장시간 어린이집에 있는 스트레스 등을 꼽을 수 있습니다. 다른 원인일 경우도 있으나 대표적인 스트레스 상황을 간추린 것입니다.

가끔 만 3세가 넘어 만 5세에 깨무는 행동을 하는 아이도 있습니다. 이 경우에는 상황과 행동을 유심히 살펴 보아야 합니다. 이 나이에는 발달 시기에 따른 폭력성이 아닌 다른 원인으로 인한 폭력성이 나타날 수 있기 때문입니다. 에너지가 넘쳐도 폭력성으로 나타날 수 있습니다. 이것은 스트레스가 원인이므로 원인이 되는 스트레스 상황을 해소시켜야 합니다.

동생으로 인해 스트레스를 받고 있다면 첫째와 엄마만 가지는 둘만의 오붓한 시간이 필요합니다. 거창한 데이트를 하지 않더라도 카페에 가서 둘이 이야기를 나누고, 조각 케익 하나 나누어 먹으며 눈을 맞추고 오롯이 자신에게 집중해 주는 엄마의 모습으로도 충분합니다.

부모님의 잦은 다툼으로 인해 스트레스를 받는 상황이라면 아이들 앞에서는 싸우는 모습을 보이지 않도록 주의해 주시면 됩니다.

장시간 어린이집에 있는 것도 아이들에게는 스트레스 상황이 될 수 있습니다. 항상 잠이 덜 깬 채 비몽사몽으로 어린이집에 1등으로 등원하여 친구들은 모두 집으로 간 다음 벨이 울릴 때마다 '우리 엄마가 아닐까?'하고 고개를 사슴처럼 쭉 빼고 문을 바라보는 일은 아이에게 큰 스트레스를 줍니다. 이 경우에는 아이와 이야기를 나누어 일과 시간을 조정하여야 합니다. 일과 시간 조정이 어렵다면 월차나 반차를 이용하여 하루 푹 쉬면서 아이와 함께하는 시간을 가질 필요가 있습니다. 이럴 때에는 일찍 하원할 수 있도록 합니다. 친구들보다 먼저 하원할 때는 친구들에게 자랑하며 매우 기쁜 마음으로 하원하게 됩니다.

넘치는 에너지로 폭력성이 나타난다면 에너지를 발산하기 위해

몸으로 놀이를 하게 됩니다. 친구들과 몸으로 놀이를 하다 보면 뒹굴기도 하고 부딪히기도 하면서 밀고 때리는 등의 과격한 행동이 표출됩니다. 에너지를 운동이나 실외 활동으로 충분히 발산시킬 수 있도록 해주면 됩니다.

🎲 아이가 욕을 배워 왔어요

만 5세 성훈이는 블록으로 성을 만들고, 엄마는 한창 저녁 준비를 하고 있었습니다. 저녁 준비 중이던 엄마의 귀에 블록 소리와 함께 "씨발! 왜 안 되는 거야?"라는 성훈이의 목소리가 들립니다. 엄마는 두 눈이 커지고 심장이 빨라지면서 두근거리기 시작했습니다.

성 만들기에 여념이 없는 성훈이에게 다가가 엄마가 물었습니다.

"성훈아, 방금 뭐라고 했어?"

"뭐라고 했지? 아, 씨발이요?"

"어디서 그런 나쁜 말을 배워왔어! 다시는 욕하지 마, 알겠어!"

"친구들도 다 쓰는데, 왜 나만 못하게 해요."

"나쁜 말이니까 하지 말라고 하면 하지 말아야지! 어디서 욕을 배워 왔어. 뭐가 되려고 그러는지….""

성훈이는 엄마에게 눈물이 쏙 빠지게 혼이 났습니다.

예쁜 말만 해도 부족할 우리 아이가 갑자기 욕을 한다면 당황하지 않을 부모님은 없을 겁니다. 그것도 아이가 어릴수록 부모님의 충격은 더욱 커지지요. 그 충격에 부모님들은 화부터 내며 혼을 내게 됩니다. 혼을 내면 다시는 욕을 하지 않게 행동을 고칠 수 있다는 생각이 들기 때문입니다. 부모님께서 흥분하고 화가 나 있는 상태에서 혼을 내면 아이도 화가 납니다. 서로 감정만 나빠지고 훈육은 되지 않습니다.

어디에서 욕을 접하게 되었는지 아이에게 찬찬히 물어보아야 합니다.

다음과 같이 질문하는 경우가 많습니다.

"어디서 그런 말을 배워왔어?"

"도대체 너는 왜 그러는 거니?"

욕을 한다는 것에 놀라서 아이를 다그치듯이 질문하게 됩니다.

그러지 말고 침착하게 질문해야 합니다.

"주변에 그렇게 이야기하는 친구가 있니? 엄마는 니가 왜 이런 말을 하는지 궁금해?"

혼내기 보다는 아이가 욕을 접하게 된 원인부터 파악해야 합니다.

실제로 아이들과 이야기를 나누어 보면 유투브나 TV에서 욕을 접하는 경우가 많습니다. 부모님 및 주변 인물들을 통해 접하기도 하고, 길을 가다가 듣는 경우도 있습니다. 놀이터에서 듣기도 합니다. 이렇듯 주변 어느 곳에서도 욕을 접할 수 있기 때문에 어느 곳에서 들었는지 알아보아야 합니다.

길에서 우연히 들었다면 어쩔 수 없지만, 유투브나 TV를 통해 접했다면 차단이 가능합니다. 유투브는 특히 강한 자극이나 재미를 주어야 하기 때문에 비속어나 욕을 사용하기도 합니다. 이런 것들을 보면서 아이들은 비속어나 욕을 아무렇지 않게 흡수하여 일상생활에서 사용하게 됩니다. 부모님께서는 조금 힘들더라도 아이들과 유투브나 TV를 같이 시청하면서 욕이나 비속어가 섞인 말을 하는 유투브를 시청하면 안 좋은 점을 설명해 주고, 다른 채널을 시청하도록 지도하시면 됩니다. 그러면 아이들이 욕을 알게 되더라도 사용하면 좋지 않다는 것을 깨닫게 됩니다.

욕을 듣지 않게 차단하기란 불가능에 가깝습니다. 욕이 좋지 않다는 것을 아이들 스스로 깨우치게 해야 합니다.

아이가 욕을 하지 않게 하려면 어떻게 해야 할까요?

만1~2세가 되면 말이 폭발적으로 늘어납니다. 외국에 가서 외국어를 배울 때 가장 먼저 욕부터 배운다는 말이 있습니다. 욕은 강한 느낌을 줌과 동시에 어디선가 들어 본 말로 아이의 귀에 꽂히게 되면 무슨 뜻인지도 모른 채 그 말을 사용하게 됩니다.

아기라고 생각하는 우리 아이가 욕을 하는데 놀란 부모님들이 과하게 받아들여 과잉 대처를 하면 아이는 '엄마가 욕을 불편해 하고 싫어하는구나!'를 인지하게 됩니다. 다음에 일부러 엄마를 불편하게 하기 위해서든 자신에게 주목하도록 하기 위해서든 욕을 이용하는 경우도 생깁니다.

만 4~5세의 아이는 욕이 나쁜 것임을 알고 사용합니다. 사용하면 안 된다는 것을 알고 있지만, 강해 보이고 싶은 욕구가 한참 많을 시기이므로 자신을 강하게 어필하고 싶어 욕을 하기도 합니다. 또는 그냥 친구들이 사용하니 장난처럼 따라하기도 합니다. 성훈이처럼 친구들 다 쓰는데 나만 안 쓰면 안 될 것 같은 생각에 친구들과 놀이를 하면서 욕을 할 수도 있습니다.

우리 아이가 욕을 했을 때 놀랐지만 놀라지 않은 것처럼 행동하여야 합니다. 미리 이런 일이 있을 줄 알았다는 듯이 태연하고 차분하게 이야기를 꺼내야 합니다.

'왜 욕을 하게 되었는지?', '어디에서 욕을 알게 되었는지?', '욕이 나쁜 것임을 알고 있는지?' 등의 질문을 할 때는 물음표로 끝나게 질문해서 아이 스스로 답을 찾아내고, 그 안에서 자신의 잘못된 행동을 느끼고 알 수 있게 해주는 것이 좋습니다. 엄마가 알고 싶은 내용을 질문을 통해 알고 나면 다음에 이런 상황이 되었을 때 욕으로 표현할 것이 아니라 욕을 대신할 '속상해', '싫어', '화가 나' 등의 언어로 자기 감정을 표현하도록 알려줍니다.

만 4세 지호가 친구들과 히어로 놀이를 하는 중이었습니다. 재민이는 히어로를, 지호는 악당 역할을 하며 교실 이곳저곳을 누비며 신나게 놀이를 하고 있었습니다. 악당에 싫증이 난 지호가 재민이에게 역할을 바꾸자고 제안하였습니다. 그러나 재민이는 오늘은 자신이 계속 히어로를 하고 싶다고 하며 역할을 바꿔주지 않았습니다. 지호는 가운데 손가락을 들어 보였습니다.

그것을 본 선생님이 지호와 이야기를 나누었습니다.

"지호야, 재민이에게 가운데손가락을 들어 보였잖아. 왜 그랬어?"

"저도 히어로 하고 싶어서 재민이한테 바꾸자고 얘기했는데 재민이가 자기만 히어로를 하겠대요. 그래서 화가 나고 재민이가 미워서 그랬어요."

"그래, 지호도 히어로가 하고 싶은데 재민이가 바꿔주지 않아서 속상했구나. 그런데 지호야 가운데손가락을 들어 보인다는 것이 나쁜 표현인 것은 알고 있니?"

"네…!"

"이런 표현은 어떻게 알게 되었어?"

"유투브에서 봤어요."

"유투브에 나온다고 다 따라 해서는 안 돼. 지호도 나쁜 표현인 것을 알고 있었네. 화가 나고 속상할 땐 '속상해', '화가 나' 이렇게 말로 표현해 주면 돼. 가운데손가락을 들어 보였을 때 재민이의 마음은 어땠을까?"

"싫었을 것 같아요."

"맞아. 싫고 기분이 나빴을 거야."

"가운데손가락으로 욕을 하고 나니 지호 마음은 어땠어? 화가 풀렸니?"

"아니요!"

"그래, 욕이라는 것은 서로의 기분을 나쁘게 만드는 말과 표현인 거야. 그러니 앞으로는 어떻게 해야 할까?"

"욕하면 안 돼요!"

🎲 어린이집에서는 놀이만 하나요?

"어린이집에서는 놀이만 하고 교육은 안 하는 것 같아 불안해요."

"다른 사교육을 시켜야 하나 고민이에요."

걱정을 토로하는 부모님들이 있습니다.

어린이집 교육은 놀이 중심 교육입니다. 하루 일과 계획에 놀이 시간이 대부분입니다. 놀이를 통한 교육의 중요성에 대해서는 정부에서도 인정하고, 평가인증 기준에서도 하루에 놀이 시간을 2시간 30분 이상 확보하라고 되어 있습니다. 이 기준에 의해 하루 활동 계획안을 작성하다 보면 어린이집에 와서 하루 종일 놀아야 한다는 결론입니다.

놀이만 한다고 걱정이 되신다고요?

아이들은 다양한 놀이를 통해 학습합니다. 시장 놀이에서는 가게 주인과 손님으로 역할을 나눕니다. 주인과 손님이 물건을 사고 파는 놀이 속에서 상황에 맞는 언어 사용법과 사회 관계를 익히게 됩니다. 돈을 지불하면서 덧셈과 뺄셈에 대한 수의 개념을 익히고, 가게 이름을 적어 간판을 만들면서 글자를 익히고, 가게를 예쁘게 꾸미기 위해 꽃도 만들어 달고 판매하는 상품의 그림을 그려 붙이며 미술, 창작 활동을 합니다. 이 시장 놀이를 통해 언어, 글자, 수, 미술, 사회 관계까지 놀이가 확장되므로 학습을 위한 학습이 아니라 자연스럽게 놀이를 통해 배우는 것입니다.

블록 놀이를 통해서는 공간 개념을 익히고, 쌓기 놀이로 무게와 크기 등을 비교하면서 서로 다름을 인지합니다. 공룡을 가지고 역할 놀이를 하면서 공룡 이름과 그 공룡의 특징을 설명할 수 있습니다. 생물에 대해 더 관심을 가지고 다른 친구들에게 특징을 설명하며 선생님과 같은 역할을 하기도 합니다.

어린이집에서 하고 있는 놀이들은 그날그날 즉흥적으로 이루어지는 것이 아닙니다. 선생님들은 '표준보육과정'에 근거하여 발달 과정에 기초를 둔 놀이 중심으로 일 년 과정의 프로그램을 구성합니다. 아이들이 흥미와 관심을 가지고 참여할 수 있도록 교육 계획을 세우고 계획에 맞춰 그날의 수업을 준비합니다.

☺ **만 0~1세**

영유아들에게는 아주 일상적인 것들이 모두 놀이가 됩니다. '까꿍 놀이', '거즈 수건 흔들어 보기', '선생님께 손 흔들기', '기저귀 갈기' 등의 놀이를 합니다. 영아가 활동에 편안함을 느끼고 놀이에 참여할 수 있도록 놀이를 반복해서 진행합니다.

☺ **만 2~5세**

전체적으로는 계절의 흐름에 맞추어 교육 계획을 세웁니다. 그 다음 추석, 설날, 입학, 졸업 등과 같은 특별한 주제가 있는 것으로 좁혀 가며 계획을 세웁니다.

전체적인 흐름은 같지만 해당 연령의 발달 단계와 각 원의 상황과 유아들의 흥미 등을 고려하고 계획하여 수업을 진행합니다. 연령이 높아질수록 확장되고, 더 다양한 내용을 포함시킨 계획을 세웁니다.

주제가 봄으로 정해지면 교실 분위기를 주제에 맞게 바꿉니다. 교실의 모빌·환경판 등을 주제에 맞추어 변화시키고, 놀잇감도 탐색할 수 있도록 꽃 사진으로 교체합니다. 언어 영역의 책도 꽃에 관한 책들로 바꾸어 꽂아 아이들이 꽃에 대해 읽을 수 있도록 합니다. 미술 영역에서 꽃 그림을 색칠하며 놀이할 수 있도록 색칠 도안을 제시합니다. 주제에 맞게 교실을 꾸며 놓으면 아이들이 등원하여 바뀐 교실을 귀신같이 알아챕니다.

교실이 바뀌었다고 이야기하면 어떤 것들이 바뀌었는지 찾아보

고, 새로운 교구들에 관심을 보입니다. 그러면 꽃을 이용한 새로운 놀이가 시작됩니다. 아이들의 놀이 속에 꽃 이야기가 오가고, 아이들이 그린 꽃 그림들로 교실 안에 꽃들이 피어나게 됩니다. 실외 놀이를 나갔을 때도 봄꽃을 찾아 향기를 맡아 봅니다. 이런 자연스러운 접근과 놀이 과정을 통해 아이들은 봄과 꽃을 자연스럽게 알아갈 수 있습니다. 어린이집의 교육은 아이들이 놀이를 통해 자연스럽게 학습하는 방식으로 이루어집니다.

일찍 공부를 시키면 커서 공부에 싫증을 내고 적응을 잘 못할 수 있다는 이야기를 들어본 적이 있을 겁니다. 아이들이 자신도 모르게 학습을 놀이처럼 받아들이고, 스스로 학습하게 하는 것이 중요합니다. 어머님들이 흔히 생각하는 학습은 학습지를 풀고 무언가 확인할 수 있는 자료의 흔적을 남기는 것입니다.

요즘은 그렇게 하지 않으니 어린이집에서 무엇을 배우는지 모르겠다고 하고, 불안한 마음이 드는 것입니다. 아이들은 쓰는 것을 굉장히 싫어하고 힘들어 합니다. 누군가 시켜서 글씨를 배우기 위해 글을 써야 한다면 지겹고 힘든 일이 됩니다. 하지만 스스로 꽃을 그리면 그 꽃의 이름이 궁금해 선생님께 꽃 이름을 물어봅니다. 이름을 써보고 싶다고 이야기하여 꽃 이름을 적는다면 억지로 가르치는 하기 싫은 글쓰기가 아닌 재미있는 놀이가 됩니다.

잘 노는 아이가 공부도 잘하게 됩니다.

놀이를 하려면 아이들이 새로운 상황을 만들어야 하므로 끊임없이 상상을 합니다. 이때 아이들의 머릿속에서 창의력이 퐁퐁 샘솟습니다. 놀이 규칙에 대한 이해와 설명을 하며 친구와 소통하는 방법을 익히고, 게임 속에서 기다림·배려·타인의 감정을 이해하게 됩니다. 통합적으로 인성까지도 배울 수 있습니다. 아이들은 충분히 놀아야 합니다.

3

먹고

🎹 먹기 싫어도 다 먹어야 하나요?

급·간식 문제는 어머님들이 가장 예민하고 궁금해 하는 부분입니다. 먹는 것이 아이들의 삶에서 가장 중요한 부분을 차지하고 있습니다. 잘 먹어야 잘 성장합니다. 고른 영양소 섭취를 위해 영양사 선생님께서 신경을 써서 5대 영양소가 고르게 들어간 식단으로 급·간식을 제공합니다.

100인 이상 어린이집은 반드시 영양사가 있어야 합니다. 그래서 영양사 선생님께서 직접 식단을 계획합니다. 100인 이하의 어린이집은 영양사가 필수는 아닙니다.

그러면 식단은 어디서 제공받을까요? 해당 시·군·구마다 어린이급식관리지원센터가 있습니다. 그곳에서 급·간식 식단을 제공합니다. 어린이집에서는 이 식단표대로 급·간식을 제공합니다.

배식 방법은 어린이집마다 다릅니다. 대부분 배식통에 음식을 담아 각 반 교실로 분배합니다. 그것을 담임 선생님께서 아이들 각자의 식판에 음식을 덜어 배식을 해줍니다. 영아들은 뜨거운 국통을 만질 수 있어 위험하고, 또 배식하는 중 영아가 방치될 수 있어 주방에서 미리 식판에 담아 배식하기도 합니다.

유아들은 반찬이 무엇인지 보고, 먹고 싶은 것만 골라 먹으려고 합니다.

"선생님, 저 파프리카 안 먹을래요."

"선생님, 김치 한 개만 주세요."

"매운 국은 싫어요."

"떡갈비 많이 주세요."

이처럼 자신의 의사를 적극적으로 이야기합니다.

서울특별시 보육포털 서비스를 통해 게시된 급식 사진

　음식을 조금 주거나 상한 식재료로 요리한 부실한 급·간식을 주는 어린이집의 행태가 보도되는 사례들 때문에 급식 사진을 찍어 부모님께 정보를 제공하고 있습니다. 키즈 노트나 서울특별시 보육포털 서비스에 급식 사진이 게시됩니다. 게시된 사진에서 양이 부실해 보이면 어머님들의 항의가 들어오기 때문에 첫 배식 때에 넉넉히 배식하고, 배 부르거나 먹기 싫어하면 버리는 방식을 선택하고 있습니다.

　이런 이야기를 들어보신 어머님도 있을 겁니다. 사진 찍는 식판만 넉넉하게 담아 사진을 찍었다고 말이죠. 그래서 원생들의 모든 식판을 모아 떼샷으로 게시하는 가정 어린이집도 보았습니다. 어머님들께서는 식사량을 속일 수 없도록 한눈에 보이게 하니 아주 반응이 좋았습니다.

잘 먹는 아이들도 있지만, 먹기 싫은 반찬이 수북하게 쌓여 있는 식판을 보면 인상을 잔뜩 찌푸리면서 수저를 힘겹게 드는 아이들도 있습니다.
"먹을 수 있는 만큼만 먹어. 선생님이 많이 주었어. 먹기 너무 힘들면 한 개만 먹어 보자."
라고 이야기해 주어도 식판에 수북이 담긴 브로콜리가 너무 싫습니다.
더 먹고 싶어 하는 아이들은 선생님께 더 달라고 요청합니다. 그러면 더 먹을 수 있도록 더 줍니다. 식사량은 개인차가 있기 때문에 먹을 수 있는 만큼만 먹고 나머지는 남기도록 합니다.

그런데 식사 배식에 딜레마가 있습니다. 농부님들이 힘겹게 농사를 지은 소중한 농산물로 만든 반찬과 밥을 남기면 버린다는 것입니다. 선생님들은 농사를 지은 데 대해 감사하며 음식을 남기지 말고 먹어야 한다고 지도하고 있습니다. 그런데 먹기 싫으면 그만 먹으라고 이야기하며 반찬을 버려야 할 때는 농부님들에 대한 감사함도 이야기할 수 없습니다. 뿐만 아니라 잔반도 많이 나와 음식물 쓰레기도 만만치 않으니 환경을 파괴하는 상황도 됩니다.

아이들이 먹는 양은 생각보다 많지 않습니다. 등원하자마자 오전 간식을 먹습니다. 오전 간식을 먹고 3시간 뒤에 점심을 먹습니다. 오전 간식을 든든히 먹은 날에는 점심을 먹기 힘들어하는 아이들이 많습니다. 오전 간식은 제철 과일, 떠먹는 요구르트, 시리얼 등 간단하게 먹을 수 있는 가벼운 식품들로 구성됩니다.

오후 간식은 늦게 하원하는 아이들을 위해 배고프지 않도록 빵·국수·떡과 같이 든든하게 먹을 수 있는 음식으로 구성됩니다. 간식 도 마찬가지로 넉넉히 배식하고, 먹고 싶어하지 않으면 남기도록 합니다. 더 먹고 싶어하면 더 주고 있습니다. 그러니 식사량에 대해서는 우리 아이가 부족하게 먹지는 않을까 걱정하지 않아도 됩니다.

그러나 아이가 스스로 더 먹고 싶은 것인지, 배불러 그만 먹고 싶은 것인지 자신의 의사를 선생님께 말할 수 있도록 가정에서 지도해 주는 것이 좋습니다. 그만 먹고 싶은 데도 표현을 하지 못해 억지로 먹는 아이도 있을 수 있으므로 자신의 의사를 분명히 이야기할 수 있도록 합니다.

아이에게 질문해 보는 것도 필요합니다. 매일 물어 보면 아이도 스트레스가 될 수 있으니 가끔 식단표에 나와 있는 음식들을 이야기하며,

"오늘 점심에 우리 서윤이가 제일 좋아하는 계란장조림이 나오던데 어땠어?"

라고 물어봐 주세요. 아이들이 음식 이름을 모르는 경우가 있으니 반찬 명칭은 엄마가 이야기해 주는 게 좋습니다. 아이가 자신이 먹은 반찬들에 대해 자랑하듯이 맛있었다고 이야기할 것입니다.

만약 아이와 이야기를 나눈 결과 제공된 반찬이 식단표와 다르다면 어린이집에 확인을 해보는 게 좋습니다. 가끔 수급의 문제로 같은 식품군으로 대체될 때도 있습니다. 이런 경우 대체 식품으로 대체되었음을 고지하도록 되어 있습니다. 고지하지 않고 자체적으로 식단을 변경할 수는 없습니다. 잘못된 점은 원장 선생님께 말씀하여 식단표대로 급·간식을 제공할 것을 요구하여야 합니다. 우리 아이들이 먹는 것인 만큼 제대로 된 음식을 제공받아야 합니다.

편식이 심한데 잘 먹을까?

"주아가 편식이 심한데 버섯볶음을 먹었다고요?"

주아를 데리러오신 어머님께서 깜짝 놀라며 반문을 하셨습니다.

"어머님, 주아가 자기도 한번 먹어 보겠다며 용기를 내어 버섯볶음을 먹어 보았답니다. 친구들도 주아의 용기에 박수를 쳐주고 칭찬 많이 해 주었어요. 가정에서도 칭찬 많이 해 주세요."

주아의 손을 잡고 어머님은 웃음을 보였고, 주아는 신이 나서 버섯볶음 이야기를 하며 집으로 돌아갔습니다.

"민준이가 정말 밥을 두 그릇 먹었어요? 집에서는 밥을 전혀 먹지 않거든요. 어린이집에서 먹는 게 다예요."

민준이 어머니는 도통 집에서는 먹지 않는 민준이가 어린이집에서는 잘 먹는다는 선생님의 이야기를 믿을 수가 없습니다.

집에서는 편식과 잘 먹지 않는 식사 습관 때문에 걱정하는 어머님들이 많습니다. 편식으로 먹지 않는 반찬을 어린이집에서는 먹었다고 이야기하면 믿지 못하고 재차 확인하기도 합니다. 민준이처럼 집에서는 식사를 하지 않고 어린이집에서만 식사를 잘하는 아이도 있습니다. 어린이집에서 잘 먹어서 모르다가 어머님과 상담을 하다 보면 편식을 하는 아이였다는 이야기를 듣고 담임 선생님도 놀라고, 어머님도 놀라는 경우도 있습니다.

아이들은 어른들이 생각하는 것보다 적응도 잘하고 상황을 빠르게 파악합니다. '어린이집은 골고루 먹어야 하는 곳, 집은 먹지 않아도 되는 곳.' 이렇게 판단하고 행동하는 것입니다.

어린이집에서 잘 먹는 이유는 친구 효과 때문입니다.

어린이집에는 다양한 아이들이 있습니다. 잘 먹지 않는 아이들도 있지만, 골고루 편식 없이 잘 먹는 아이들도 많습니다. 편식하지 않고 한 그릇을 뚝딱 먹는 아이들도 있습니다. 편식하는 아이들이 나는 매워서 못 먹는 김치를 너무 맛있게 아무렇지 않게 먹는 친구의 모습을 보고 '어 김치가 안 매운가? 저 아이는 왜 저렇게 잘 먹지? 나는 못 먹는데 진짜 맛있나?'하고 궁금해 하기 시작합니다. 그리고 주변의 친구들을 탐색합니다. 다른 친구들도 잘 먹으면 나만 못 먹는 것 같은 생각에 살짝 자존심이 상하기도 합니다. 그래서 한번 시도해 보려고 용기를 내봅니다. 시도할 때 선생님께 이야기를 해서 내가 얼마나 잘 먹는지 봐달라고 합니다..

"선생님, 저 김치 먹어 볼래요!"

선생님은 아이의 이야기를 듣고 응원을 해줍니다. 아이는 눈을 질끈 감고 입에 김치를 넣습니다. 매워서 혀가 아리기 때문에 눈에 눈물이 살짝 맺힙니다. '쓰압' 하고 입에 공기를 불어 넣습니다. 생각 보다는 먹을 만하다는 생각이 드는지 뿌듯한 표정을 짓습니다. 이것을 지켜본 선생님은 용기를 내어 먹어본 아이에게 칭찬을 한아름 안겨줍니다. 선생님의 칭찬에 옆에 있던 친구들도 덩달아 칭찬을 아끼지 않고 해줍니다. 기분이 좋아져 김치에 대한 좋은 이미지를 가지며 맛도 괜찮다는 생각을 하게 됩니다. 다음 식사 시간에는 전에 경험했던 김치에 대한 좋은 기억으로 김치를 먹게 됩니다.

옆에 있는 친구가 권하면 먹어보기도 합니다.

"지안아, 시금치 먹어봐. 이거 내가 먹어 봤는데 진짜 맛있어."

"나 이거 싫어하는데…."

"나도 싫어했는데, 한 번 먹어 봤더니 맛있어서 지금은 잘 먹어. 너도 먹어봐."

지안이가 친구의 권유에 한 번 맛을 봅니다. 초록색 야채는 맛이 없다고 생각했는데, 처음 맛본 시금치는 생각보다 맛이 있었습니다. 맛이 없다는 친구도 있지만, 이것을 계기로 잘 먹게 된 아이도 있습니다.

아이들에게 급·간식 시간은 즐거운 시간입니다. 하루의 일과 중 아이들이 가장 기다리는 시간입니다. 어머님들께 제공하고 있는 급·간식 식단표를 보고 오늘은 어떤 음식이 나오는지 줄줄 외우고 오는 아이도 있습니다. 아이들에게 먹는 즐거움이 매우 크다는 뜻입니다. 그런데 편식을 하는 아이의 경우는 다릅니다. 먹고 싶지 않은 야채를 먹으라고 하니 급·간식 시간 때문에 어린이집은 오기 싫을 정도로 괴로운 곳이 됩니다.

어린이집에서 편식 지도는 어떻게 할까요? 아이들은 초록색 음식과 야채는 맛이 없는 음식이라는 생각이 있습니다. 야채만 나오면 무조건 싫다고 이야기하고, 고기나 계란·김과 같은 반찬만을 잘 먹습니다. 가정에서는 아이들이 좋아하는 반찬으로 식사를 구성하게 됩니다. 반찬 실랑이도 힘들고 아이들이 잘 먹기를 바라는 엄마의 마음입니다. 그래서 어린이집에서도 가정에서 먹던 익숙한 반찬들이 인기가 많고 아이들이 잘 먹습니다.

나물 반찬이나 야채 반찬들은 먹지 않더라도 식탁에 함께 제공하여 익숙하게 해주는 것이 좋습니다. 먹기 싫은 반찬도 익숙하게 하여 먹어 보도록 하는 것입니다. 식습관은 어린이집에서만 지도한다고 해서 고쳐지는 것이 아니기 때문에 가정에서도 함께해 주셔야 합니다.

파프리카 감자채 볶음을 보며 한 아이가 "선생님, 저 이거 집에서 먹어 봤어요."하며 자신이 집에서 먹어 보았던 경험을 이야기합니다. 맛있게 잘 먹는 모습을 보이면 다른 아이들도 자신의 경험을 이야기하며 너도 나도 먹어보게 됩니다. 이 날은 파프리카 감자채 볶음을 잘 먹는 날이 됩니다.

어린이집에서는 다양한 야채들과 레시피로 아이들이 평소 집에서 접하지 못했던 음식들이 나오기도 합니다. 새로운 음식을 접함으로써 다양한 맛을 느껴 볼 수 있는 경험을 하도록 하기 위해서입니다.

새로운 것을 거부하는 아이들에게 음식의 스토리나 영양성분들에 대한 정보를 이야기해 주면서 궁금증을 유발시킵니다. 관심을 슬쩍 보이기 시작하면 이때 한번 먹어보기를 권합니다.

"선생님이 먹어보니 너무 맛있었어. 지안이가 먹기에는 신맛이 강해서 조금 불편할 수도 있겠지만, 단맛도 있어. 한 개만 먹어볼까? 그래도 맛이 없으면 더 이상 안 먹어도 돼."

이렇게 제안을 하면 10명 중 9명은 '한 개만 먹어보지 뭐!'란 생각으로 먹어봅니다. 겉모습만 보고 평소 익숙하지 않은 형태거나 색깔이 좀 이상하다 생각되면 맛도 이상할 거라는 편견을 가지고 먹는 것을 거부하는 경우가 많습니다. 한 번 먹어보고는 "선생님,

맛있어요."하며 잘 먹게 되기도 합니다.

낯선 것이 싫어서, 생긴 것이 이상해서, 색깔이 마음에 안 들어서, 냄새가 싫어서 등등 음식을 거부하는 이유는 많습니다. 먹어보지도 않고 거부하는 것과 먹어보고 맛이 없어서 거부하는 것은 큰 차이가 있습니다. 한 번의 시도가 중요하고, 그 한 번을 통해 다음을 기약할 수 있습니다.

억지로 먹는 것은 아이들에게는 스트레스가 됩니다. 먹기 싫은데 억지로 먹게 되면 정말 죽을 맛일 겁니다. 어른들도 싫은 음식을 억지로 먹는 것만큼 고역이 어디 있겠습니까? 이때 어머님들의 선택이 중요합니다.

편식 지도 없이 아이가 싫은 것은 안 먹게 하여 스트레스 없이 식사 지도를 할지, 아니면 편식 없이 골고루 먹게 할 것인지를 선택하면 됩니다.

"선생님, 지훈이가 어린이집에 가기 싫다고 매일 울어요. 점심시간에 먹기 싫은 반찬을 먹는다고 어린이집에 가기 싫다고 매일 저러네요. 너무 힘들어요…."

편식 때문에 어린이집에 가기 싫어한다는 지훈이 어머님의 전화

가 왔습니다. 편식 지도 없이 싫다는 것은 안 먹이도록 할지, 그래
도 지금처럼 골고루 먹을 수 있도록 편식 지도를 계속할지, 또 편식
지도를 어떻게 할지 상의드렸습니다.

지훈이 어머님께서는 그래도 편식이 없었으면 좋겠다고 하시며
골고루 먹을 수 있게 지도해 달라고 하셨습니다. 어머님께도 편식
지도는 단시간에 이루어지지 않으며, 가정에서도 다양한 음식들을
접해 볼 수 있게 함께 지도해 나아가야 한다고 말씀드렸습니다. 지
훈이와도 이야기를 나누었습니다. 앞으로 잘 먹어보기로 약속하고
편식 지도는 계속되었습니다. 그렇게 하여 지훈이는 식사 시간에
잘 먹게 되었습니다.

편식이 심해서 식사 시간이 아이에게 너무 큰 스트레스가 된다
면 "편식 지도 없이 먹기 싫어하는 것은 먹이지 말아 주세요."라고
학기 시작할 때 선생님께 말해주세요. 그러면 그 아이는 먹기 싫은
음식은 선택할 수 있습니다. 물론 골고루 먹어 영양분을 섭취하는
것은 중요합니다. 그러나 스트레스를 받게끔 식사 지도를 할 필요
는 없습니다. 천천히 하나씩 먹어보도록 하는 것이 오히려 나은 방
법입니다.

아이들의 편식 문제를 심각하게 생각하는 어머님들이 많습니다. 어렸을 때를 생각해 보면 먹고 싶지 않은 반찬이나 야채, 식재료가 있었을 겁니다. 억지로 먹인다고 그 음식이 맛있어 지던가요? 오히려 강제로 먹은 기억으로 더 싫어지는 경우도 있습니다. 지금은 어떠신가요? 어려서는 먹기 싫었던 야채, 음식을 성인이 된 지금은 먹을 수 있게 되었지요.

우리 아이들도 마찬가지입니다. 건강상의 문제가 될 정도가 아니라면 어린이집에서 스트레스를 받으면서 억지로 먹는 것은 좋지 않습니다. 간식도 마찬가지입니다. 저희 아이들이 가장 싫어하는 간식은 찐감자, 약식, 떡종류, 야채스프, 샐러드류 등이고, 좋아하는 간식은 빵류, 국수류, 다양한 주먹밥 종류입니다.

형들은 편식 없이 잘 먹었는데 막내가 편식이 있습니다. 오후 간식은 거의 먹지 않습니다. 퇴근해서 집에 가면 배가 고프다고 성화를 합니다. 오후 간식을 먹지 않았으니 저녁까지 배가 많이 고프겠지요. 집에 도착하자마자 저녁 식사에 지장이 되지 않을 정도로 간단하게 바나나 한 개, 사과 한쪽 정도를 먹이고 저녁을 얼른 해서 먹을 수 있도록 합니다. 가정에 돌아와 좋아하는 음식을 먹을 수 있도록 하는 것도 아이에게 스트레스를 주지 않는 하나의 방법입니다.

음식 알러지가 있다면?

어린이집에 입학하면 많은 서류들을 제출해야 합니다. 서류들 중 알러지에 관한 서류도 있습니다. 우리 아이가 알러지가 있다면 꼼꼼히 상세하게 적어 주는 것이 좋습니다.

알러지가 약하게 나타나는 아이도 있고, 심하게는 호흡 곤란 증세를 호소하는 아이도 있습니다. 알러지 음식을 복용하고 호흡 곤란 증세가 나타나면 생명에도 지장을 줄 수 있습니다. 따라서 알러지 식품에 대해 자세하게 설명해 주어야 급·간식을 준비할 때 참고하여 식단을 조정하게 됩니다.

식단 조정은 원장선생님 임의로 하는 것이 아닙니다. 대부분의 어린이집에서는 어린이급식관리지원센터의 식단표를 이용하고 있습니다. 어린이 급식관리지원센터의 검수를 받아 식단표를 알러지 식단으로 대체하여 사용할 수 있습니다. 식단표는 해당 어린이집이 속해 있는 시·군·구 어린이급식관리지원센터에 게시되어 있어 학부모님께서 언제든지 확인할 수 있습니다.

어린이집에서는 알러지가 있는 아이를 위해 대체 식품을 제공해야 할 의무가 있습니다. 그러니 반드시 원에 알러지가 있다는 것을 알려 아이가 대체 식품군을 섭취할 수 있도록 해야 합니다.

빵에도 우유 성분이 들어 있기 때문에 대체 식품으로 들어가게 됩니다. 그러나 소량이 들어간 경우에는 섭취해도 알러지가 일어나지 않을 수도 있습니다. 이런 부분에 대해 세밀하게 알려 주면 급·간식을 준비할 때 많은 도움이 됩니다.

4

자고, 싸고

낮잠 꼭 자야 해요?

"선생님! 정우가 낮잠 자기 싫다고 하는데 낮잠 재우지 말아 주세요."

낮잠을 자고 싶어하지 않으면 낮잠을 재우지 않습니다. 낮잠을 자지 않는 아이들은 다른 아이들이 잘 동안 오전에 받았던 스트레스를 풀 수 있도록 잠시 누워 휴식을 취하게 합니다. 친구들이 잠이 들면 책을 읽거나 그림그리기 등 조용한 놀이를 하게 합니다.

낮잠을 자지 않으면 가정에서 일찍 자게 되므로 편하다고 이야기하는 부모님들도 있습니다. 그러나 잠자는 시간은 아이들에게 필요합니다. 아이들은 잘 먹고, 잘 싸고, 잘 자야 건강하고 예민하지 않게 자랄 수 있습니다. 세 가지 중에서 한 가지라도 부족하면 아이는 짜증을 내고 예민한 행동을 합니다. 아이가 짜증이 많아지면 엄마의 육아가 힘들어집니다.

낮잠은 아이들의 발달에 아주 중요한 역할을 합니다. 낮잠은 오전 활동으로 지친 아이의 몸을 쉬게 하여 체력을 보충시키는 시간입니다. 체력이 보충되어야 면역력도 올라갑니다. 잠이 들면 혈액순환이 원활해져 스트레스를 낮춰 피로 회복을 돕습니다. 활동량이 많은 아이일수록 건강과 성장을 위해 낮잠을 자서 체력을 회복해야 합니다.

낮잠 시간이 되면 커튼을 쳐서 교실을 어둡게 하고, 자장가를 틀어 편안한 분위기를 만들어 아이들이 숙면을 취할 수 있도록 합니다. 동화책을 읽어주는 선생님의 목소리를 들으면서 잠이 들기도 합니다. 잠투정이 있거나 뒤척거리는 아이들은 선생님께서 토닥여주기도 하고, 이불도 덮어주며 잠이 들도록 도움을 줍니다.

선생님께서 다른 아이들을 돌보아주는 동안 낮잠을 자지 않는 아이들은 누워 잠시 휴식을 취합니다. 그리고는 책을 보거나 그림을 그리는 등 조용하게 놀이를 합니다. 낮잠을 자야 할 시간에 과격

한 놀이를 하여 아이의 흥분 상태가 지속되면 체력이 쉽게 저하되어 면역력이 떨어질 수 있기 때문에 낮잠 시간에는 차분하고 조용한 놀이를 할 수 있도록 합니다.

낮잠을 잘 자야 한다고 생각한다면 가정에서는 밤잠 또한 규칙적으로 잘 수 있도록 일찍 자고 일찍 일어나는 수면 습관을 가지게 해야 합니다. 아침에 늦잠을 자고 일어나면 당연히 낮잠이 오지 않습니다. 낮잠을 자지 않으면 피로가 풀리지 않아 오후 활동이 즐겁지 않습니다. 몸이 피로하니 가정에 돌아가서도 짜증을 내는 행동을 하게 됩니다. 이것이 반복되면 예민한 아이가 될 수 있습니다.

아침에 규칙적으로 일어나고, 낮잠을 자며, 규칙적인 시간에 밤잠을 자는 것이 습관이 되어야 합니다. 그것이 아이의 면역력 증진과 성장 발육에 도움이 됩니다. 낮잠을 자고 난 뒤 개운해진 육체로 더욱 집중하여 놀이도 잘할 수 있습니다.

📖 기저귀 언제 떼요?

"기저귀는 언제쯤 떼면 될까요?"

"희주는 기저귀를 뗐던데, 왜 저희 아이는 못 떼는 거죠? 전혀 관심이 없는 것 같아요. 문제가 있는 건 아니겠죠?"

만 1세 아이의 어머님들은 걱정이 생깁니다. 주변에 슬슬 기저귀를 떼는 아이들이 생기기 때문입니다. 다른 아이들은 기저귀를 떼는데, 우리 아이만 기저귀를 차고 있으면 무슨 문제가 있는 것은 아닌지 걱정이 되기 시작합니다. 다른 것도 마찬가지이지만 특히 배변 문제는 주변 아이들과 비교하면 안 됩니다. 아이들은 18개월에도 배변을 가릴 수 있고, 만 5세 때 가리는 아이도 있어서 배변 가리기는 아이들마다 차이가 큽니다.

기저귀를 빨리 뗀다고 해서 우리 아이가 천재는 아닙니다. 물론 느리다고 해서 지능이 떨어지는 것도 아니지요. 배변 훈련과 지능은 관계가 없습니다. 엄마가 떼고 싶다고 기저귀를 뗄 수 있는 것이 아닙니다. 기저귀를 떼기 위해서는 아이가 준비되었는지가 중요합니다. 따라서 아이가 준비가 되었는지를 관찰해 보아야 합니다.

배변 훈련을 준비할 때 첫 번째는 소변을 보는 시간이 30분에서 1시간, 2시간으로 길어졌는지를 확인하는 것입니다. 소변을 보는 시간이 길어지지 않으면 자주 실수하여 엄마를 실망시키게 되고, 중도 포기할 수도 있기 때문입니다.

두 번째는 기저귀가 불편하다고 표현하는 것입니다. 기저귀를 잡아당겨 스스로 벗거나, 쉬가 나올 때 기저귀를 만지며 쉬를 했다고 표현하는 것입니다. 쉬를 하고는 자신의 기저귀를 가지고 와 갈아달라는 표현을 합니다. 이렇듯 자신이 소변이나 대변을 보았음을 알리거나 그 신호를 느끼는 행동을 하면 배변 훈련을 할 준비가 된 것입니다.

세 번째로는 간단한 의사 소통이 가능한 때입니다. "바지 가지고 오세요.", "컵 좀 가져다 줄래?" 이런 간단한 지시를 따를 수 있으면 좋습니다. 쉬가 마려울 때나 대소변을 보고 나서 "쉬!", "똥!", "응가!" 등으로 변의를 느끼고, 자신이 변의가 있음을 표현한다면 아주 좋은 신호입니다.

아이가 준비되었다면 이제는 어머님이 준비할 차례입니다. 배변 훈련은 짧으면 일주일, 길게는 6개월 이상 걸릴 수도 있습니다. 배변 훈련이 짧게 끝나면 고맙지만 길어질 수도 있습니다. 배변 훈련이 길어지면 어머님들이 빨래를 하느라 지치게 됩니다. 매일 이불 빨래가 산더미처럼 나오니 엄마의 일이 끝도 없어 지칠 수밖에 없습니다. 그 힘듦이 아이에게 짜증으로 표현됩니다. 혼내면 안 된다는 것은 알고 있지만, 계속 실수하는 아이와 산더미 같은 빨래를 보면 울컥하고 화가 치밉니다.

배변 훈련은 끊임없는 긍정적 지지와 칭찬으로 완성됩니다.

"왜 자꾸 기저귀에 쉬를 해. 화장실에 가서 쉬를 해야지! 쉬 마려우면 엄마한테 얘기하라고 했잖아!"하면서 자꾸 기저귀에 쉬하는 아이를 다그치게 됩니다.

혼이 난 아이는 배변에 대해 두려움이 생길 수 있습니다. 소변을 실수하면 혼이 나니 아이는 실수하지 않으려고 긴장하게 되고, 긴장하면 소변이 자주 마렵습니다. 그러니 실수가 반복됩니다. 아니면 화장실에 가지 않으려는 거부 반응이 나타날 수도 있습니다. 어떠한 실수에도 끝임없는 지지와 칭찬을 보낼 수 있는 마음가짐과 산더미처럼 나오는 빨래도 받아낼 수 있는 강력한 멘탈을 준비하여야 합니다.

배변 훈련의 신호가 와서 시작하기로 하였다면 담임 선생님께 배변 훈련이 시작되었음을 알려주어야 합니다. 배변 훈련 시기를 선생님과 의논하여 정하는 것도 좋습니다. 집과 어린이집에서 배변 훈련이 일관되게 진행되어야 아이도 혼란스럽지 않습니다.

배변 훈련을 시작하였지만 어린이집에 알리지 않는 경우가 간혹 있습니다. 집에서는 팬티만 입고 배변 훈련을 하는데, 어린이집에서는 기저귀에 계속 소변을 보게 하면 집에서 팬티 입은 상황을 기저귀로 착각하여 팬티에 소변을 볼 수도 있습니다. 이렇게 혼돈된 상황이 계속되면 배변 훈련이 길어질 수밖에 없습니다. 반대로 배변 훈련은 어린이집에만 의존하고, 집에서는 기저귀에 대소변을 보게 하는 경우도 있습니다. 두 가지 경우 모두 아이에게 혼란을 주어 배변 훈련을 방해하는 상황이 됩니다. 배변 훈련은 집과 어린이집에서 동시에 이루어져야 합니다.

가장 좋은 배변 훈련 시기는 여름입니다. 산더미처럼 나오는 빨래를 감당해야 하는데, 여름 이불과 옷은 빨기도 쉽고 말리기도 쉽기 때문입니다. 배변 훈련을 할 때에는 하루에도 여러 번 기저귀를 내렸다 올렸다 해야 합니다. 여름에는 바지 하나면 되지만, 겨울에는 바지에 내복까지 내렸다 올려야 하므로 엄마의 손목이 남아나질 않습니다.

배변 훈련은 영아에게는 아주 중요한 발달 과정으로 교육 과정에 포함된 부분입니다. 어린이집에서는 영아들의 순조로운 배변 훈련을 위하여 놀이로 배변 교육을 하고 있습니다. 변기에서 소리가 나는 사운드 북을 이용해 변기와 친해질 수 있도록 하고, 배변에 관한 동화도 들려줍니다. 클레이를 이용해 대변을 표현하고, 응가가 나오는 상황을 연출해 보는 놀이도 합니다. 놀이를 통한 배변 교육으로 자연스럽게 배변 훈련이 되도록 지도하고 있습니다.

뒤처리는 어떻게 하죠?

기저귀를 떼고 만 3~4세가 되면 스스로 뒤처리할 수 있도록 지도하고 있습니다. 손이 엉덩이에 닿을 수 있다면 나이에 상관없이 닦을 수 있습니다. 만 4세부터는 초등학교 입학 준비를 해야 합니다.

학교에서 대변을 보면 선생님은 닦아주지 않습니다. 닦아주는 선생님도 계시기는 하겠지만, 많은 선생님들께서는 아이가 스스로 할 수 있다고 생각합니다. 선생님께 닦아달라고 이야기하는 것이 부끄러워 학교에서 대변을 참는 아이들도 있습니다. 요즘에는 뒤처리를 힘들어하는 아이들이 많다 보니 학교 입학 공지 사항에 뒤처리를 스스로 할 수 있도록 준비시켜 달라는 안내문도 보았습니다.

어린이집에서는 스스로 닦기를 어려워하는 아이들은 닦는 방법을 설명해 주고, 스스로 할 수 있도록 도움을 줍니다. 어린이집에서 대변을 보면 지도가 가능하지만, 가정에서만 대변을 보는 아이들이 있습니다. 그러면 어린이집에서 지도할 수 없습니다. 가정에서 교육해야 하는데, 아이들이 스스로 하기 보다 집에서는 엄마에게 해달라고 이야기합니다.

'손이 닿지 않는다', '어떻게 하는 줄 방법을 모르겠다', '손에 대변이 묻을 것 같아 더러워서 싫다', '냄새 나는 것이 싫다', '내가 닦으면 깨끗하게 닦이지 않아 불편하다' 등 이유도 많습니다.

어머님들 또한 깨끗하게 닦지 못할 것 같은 불안함에 직접 해주는 경우가 많습니다. 처음에는 어설프고 대변이 잘 닦이지 않아 팬티에 대변을 묻혀 오기도 합니다. 그러나 어머님들께서 믿고 기다려주는 것이 중요합니다. 몇 번 잘못 하더라도 두 눈 질끈 감고 잘하고 있다고 칭찬해 주고, 다음에도 이렇게 다시 해보자고 이야기해 주면 포기하지 않고 잘 닦을 수 있게 됩니다.

가정에서는 비데를 사용하기 때문에 밖에서는 용변을 보지 못하는 아이들도 있습니다. 이 경우에는 대변을 본 뒤 마무리할 수 있도록 물티슈를 준비하면 됩니다. 스스로 못할 것 같아 집에서는 다 해주었는데, 나가서는 잘하고 오더라는 부모님의 이야기도 들었습니다.

초등학교 입학 전에 스스로 뒤처리를 할 수 있도록 하는 것이 가장 바람직합니다. 그렇게 되지 않더라도 아이에게 너무 스트레스를 주어서는 안 됩니다. 초등학교 저학년까지는 일찍 하교하기 때문에 가정에서 대변을 보는 방법도 있습니다.

5

아파요

감기를 달고 살아요

어린이집에 다니더니 감기를 달고 산다고 불만을 이야기하는 부모님을 만나 볼 수 있습니다.

"어린이집에 갔더니 한 달째 감기가 낫지를 않아요."

어린이집은 단체 생활을 하는 곳입니다. 청결을 위해 청소와 소독에 신경을 많이 씁니다. 매일매일 청소를 하고, 1주일에 한 번씩은 반드시 전체 대청소를 합니다. 또한 장난감과 식기들도 소독합니다. 많은 아이들이 함께 생활을 하는 장소이다 보니 어쩔 수 없이 다양한 바이러스에 노출되기도 합니다.

저는 신입 원아 어머님들께 "한 6개월은 계속 감기에 걸리고 아플 거예요."라고 미리 말씀드립니다. 면역력은 개인차가 크기 때문에 한 달 동안 아프고 적응하는 아이도 있고, 1년 내내 감기를 달고 사는 아이도 있습니다. 아이들의 몸도 어린이집이라는 새로운 공간에 적응 기간이 필요합니다.

어린이집에 처음 다니게 되면 아이는 긴장하여 스트레스를 받습니다. 늦잠 자던 아이도 일찍 일어나 하루 일과에 맞춰 분주하게 움직여야 합니다. 피곤이 쌓이면 면역력이 떨어집니다. 면역력이 떨어지면 작은 바이러스에도 쉽게 감염될 수 있습니다.

가정에서 보육하실 때에는 외부와 접촉이 많지 않은 탓도 있지만, 아프면 외부 활동을 줄이고 휴식을 취할 수 있도록 하기 때문에 금방 나을 수 있습니다. 어른들도 감기에 걸리면 약 먹고 충분한 휴식을 취하면 금방 낫는 것처럼 아이들도 감기에 걸리거나 아프면 가정에서 푹 쉬면 금방 낫습니다.

시간이 지나면서 아이들의 성장과 동시에 어린이집에 신체적으로 적응하게 되어 감기에 걸리거나 아픈 것이 줄어들게 됩니다.

회사에서 업무 도중에 전화벨이 울립니다. 전화를 받으려고 집어든 휴대전화 액정에는 아이가 다니고 있는 어린이집의 전화번호가 뜹니다. 그때부터 머릿속이 복잡해지기 시작합니다. '아이가 아픈가?' '다쳤나?' 두근거리는 마음으로 전화를 받자 담임 선생님의 목소리가 들립니다.

"어머님, 수아가 열이 나요. 38.2도예요."

"아! 네, 선생님 알겠습니다. 제가 지금 갈 수가 없는 상황이예요. 원에 해열제 없나요? 해열제 좀 먹여 주세요."

아이가 아프다는 전화에 갈 수 없는 워킹맘은 속상합니다. 안타까운 것은 담임 선생님도 마찬가지입니다.

어린이집에는 해열제가 비상약으로 비치되어 있을 것으로 생각하는 어머님들이 많습니다. 아이가 있는 집의 필수 비상약이기 때문입니다. 그러나 어린이집에서는 복용하는 약은 상비약으로 비치할 수 없게 되어 있습니다. 갑자기 열이 나면 원에서는 부모님께 열이 난다는 사실을 알리고, 부모님께서 오실 때까지 아이를 휴식 영역에서 편히 쉴 수 있도록 돌보는 일밖에는 할 수 없습니다. 이럴때 당장 달려 올 수 없는 어머님의 마음을 충분히 이해하고 안타깝게 생각합니다.

어린이집에서는 부모님께서 오실 때까지 열이 더 이상 오르지 않도록 최선을 다해 찬 물수건으로 닦아주면서 보살핍니다. 하지만 다른 아이들도 함께 보아야 하므로 아픈 아이 옆에만 있을 수는 없습니다. 자주 상태를 체크하고 물수건을 갈아 주는 등의 처치밖에는 할 수 있는 게 사실상 없습니다.

아이가 복용할 약이 있다면 부모님께서 투약 의뢰서와 함께 1회 복용량을 보내주셔야 합니다. 약을 보내주셨더라도 투약 의뢰서가 없으면 투약할 수 없습니다. 그러니 잊지 마시고 반드시 투약 의뢰서를 함께 보내주시기 바랍니다.

아침에 병원에 다녀온 민호의 투약 의뢰서가 키즈 노트로 왔습니다. 가방을 열어 보니 약이 봉지 채로 들어 있었습니다. 선생님은 분홍 물약 5ml, 투명 물약 5ml, 가루약 한 포를 섞어 아이가 먹을 수 있게 합니다. 엄마들에게는 간단한 일이지만 선생님들께는 굉장한 일이 됩니다. 한 명에게 투약하는 것은 어렵지 않습니다. 그러나 여러 명에게 투약을 할 경우 어머님들 모두 이렇게 약을 통째로 보내 주시면 투약하기 어렵습니다. 일일이 약의 복용량을 확인하고 담아야 하는데, 투약용량을 잘못 확인하여 실수할 수도 있기 때문입니다.

약병에 아이 이름과 투약 시간을 한 번 더 적어 보내주시면 다른 아이의 약과 바뀌지 않게 됩니다. 간혹 선생님께서 투약 시간을 깜빡하더라도 키즈 노트를 확인하는 번거로움을 거치지 않고 약병에 적힌 투약 시간으로 빠르게 확인할 수 있습니다.

✚ 귀가를 요하는 법정 전염병

어린이집에 입소하기 위해서는 국가에서 지정하고 있는 기본 예방 접종을 모두 맞춰야 합니다. 부모님들께서 돌 전에는 예방 접종 날짜에 맞추어 열심히 잊지 않고 예방 접종을 합니다. 그러나 돌이 지나면 1년에 한 번 맞는 것들이 생기고, 또 바쁘다 보니 예방 접종을 깜빡 잊으실 때도 있습니다. 기본적인 예방 접종만 잘 맞아도 전염병을 예방할 수 있으며, 걸리더라도 가볍게 앓고 지나 갈 수 있습니다.

아이들이 걸리는 전염병 중에는 가벼운 감기도 있지만, 어린이집에 등원을 못하고 휴원을 요하는 전염병도 있습니다.

법정 전염병으로 의심되면 먼저 병원에 들려 정확한 병명을 진단 받아야 합니다. 병원에서 법정 전염병에 감염되었다고 진단이 내려지면 그 사실을 어린이집에 알려 주어야 합니다. 다른 원아들에게도

휴원을 요하는 질병

병 명	증 상	잠복기간	결 석 기 간
디프테리아	미열, 인후염, 기침, 쉰 목소리, 두통, 편도선 비대, 회색 반점	2~4일	배양 검사를 2회 이상하여 음성이 나올 때까지
백 일 해	열은 없고 밤에 기침이 심함	7~14일	특유의 기침이 없어질 때까지 → 발병 3~4주 정도
홍 역	발열, 재채기, 결막염, 발진	9~13일	발진이 없어질 때까지 → 발진 후 5일 정도
유행성 이하선염 (볼거리)	발열, 귀밑이 부어오름	7~21일	귀밑 부기가 다 빠질 때까지 → 발진 후 5일 정도
풍 진	가벼운 감기 같은 증세, 발열, 발진	10~21일	증상이 없어질 때까지 → 대개 발진 후 5일 정도
수 두	발열, 발진, 물집이 생김	10~21일	딱지가 떨어질 때까지 → 발진 후 7일 정도
수족구병	38℃ 정도의 고열, 1~2일간 입 속 · 손바닥 · 발바닥에 수포가 생김	3~6일	주요 증상이 사라질 때까지
유행성 감기	발열, 기침, 목이 아픔, 뼈마디 아픔	1~3일	주요 증상이 사라질 때까지
농가진	얼굴이나 수족에 쌀알 크기부터 대두 크기의 발진 수포가 생김	2~5일	염증기가 지나 환부 치료, 포대를 하고부터
유행성 결막염	눈이 붓고 흰자위가 충혈, 눈꼽이 많음	7일	주요 증상이 사라질 때까지
전염성 설사증	설사 횟수가 많고, 변이 물 같고, 열이 나며, 감기 증상을 동반함	2~4일	주요 증상이 사라질 때까지
간 염 (A형)	식욕부진, 두통, 열, 황달, 관절통	10~15일	주요 증상이 사라질 때까지

* 이상의 질환은 전염성이 강한 질병이므로 각별한 주의가 필요함.
　이상의 질환 이외에 의사의 진단에 의해 전염성이 있다고 판명된 질병은 휴원을 요함.

출처 : 서울육아종합지원센터(seoul.childcare.go.kr) → 휴원을 요하는 질병

비슷한 증세가 발병하는지 추적 관찰을 해야 하기 때문입니다.

법정 전염병이 다 나으면 병원에서 전염성이 없으니 어린이집에 등원해도 좋다는 '소견서'를 받아 와야 등원이 가능합니다. 원에서는 법정 전염병에 감염된 아이가 발생하면 학부모님들께 공지하여야 할 의무가 있습니다. 공지하여 혹시 모를 잠복기에 대해 인지하고, 가정에서도 비슷한 증세가 보이지는 않는지 함께 관찰하기 위해서입니다.

아이들이 가장 잘 걸리는 전염병은 장염과 수족구입니다. 영아들, 특히 구강기의 아이들은 모든 물건들을 입으로 물고 빨기 때문에 전염에 취약하여 잘 옮게 됩니다. 수족구는 열을 동반하며 입안과 손발에 수포가 잡히는 증세가 나타나면서 입안이 헐고 아파서 먹지 못하는 병입니다. 아이가 열이 나면서 먹지를 못하니 많이 보채고 매우 힘들어 합니다. 약을 먹기는 하지만 꼬박 3일을 앓는 경우가 많습니다. 어머님이 아픈 아이를 돌보는 것은 매우 힘든 일입니다.

발병된 아이가 증상은 먼저 나타났지만, 잠복기가 있으므로 어떤 아이에게서 발병이 시작됐는지는 알 수 없습니다. 발병된 아이가 면역력이 약해 증상이 빨리 나타났을 수도 있기 때문입니다. 이

번에는 다른 친구가 먼저 증상이 나타나서 우리 아이가 옮았지만, 다음에는 우리 아이가 전염병에 걸려 다른 아이에게 옮길 수도 있습니다. 단체 생활을 하는 곳이기 때문에 개인 위생에 신경을 더욱 써주셔야 합니다.

🔲 아이가 다쳐서 집에 왔어요

아이가 어린이집에서 다치는 일은 일어나서는 안 되지만, 작은 사고에서 큰 사고에 이르기까지 사고는 일어날 수 있습니다.

영아부터 유아까지 지내는 어린이집에서 아이들은 신나게 뛰어 놀고 싸우기도 하면서 하루를 지냅니다. 이 과정에서 친구와의 다툼으로 넘어져 멍이 들기도 하고, 친구가 얼굴을 꼬집거나 할퀴어 얼굴에 상처가 나기도 합니다. 놀이터에서 놀이를 하다가 넘어져 무릎이 까지기도 합니다.

아이가 다쳤다는 소식을 들으면 엄마는 당황되고 걱정스러운 마음이 앞섭니다. 아이가 어린이집에 있을 때 연락을 받았기 때문에 직접 상처를 확인할 수 없어 더 불안하고 걱정이 됩니다. '아이 얼굴에 흉이라도 남으면 어쩌지?' 하고 걱정스러운 마음이 드는 것은 당연한 부모의 마음입니다.

이런 부모님의 마음을 잘 알기에 작더라도 상처가 나면 선생님들은 예민해질 수밖에 없습니다. 선생님은 제2의 엄마이기 때문에 아이가 다치면 엄마의 마음으로 속상하고 아이를 잘 보지 못해서 다치게 했다는 죄책감이 듭니다.

아이가 다치면 선생님은 죄인으로 전락합니다. 이런 무거운 마음으로 어머님께 연락을 드렸을 때 어머님께서 괜찮다고 하면 이해해 주는 마음에 큰 감사를 드립니다. 그러나 선생님에게 화를 내면 선생님은 마음 둘 곳 없어 하루 종일 안절부절 무거운 마음으로 아이들을 돌보게 됩니다. 퇴근도 못하고 다친 아이의 어머님을 뵙고 사과를 드리고 나서야 퇴근할 수 있습니다.

간혹 하원해서 아이를 씻기다가 팔에 멍이 든 것을 발견하는 경우도 있습니다.

'선생님께 연락을 받지 못했는데 어디서 다쳤지? 의문이 생기고 선생님이 아이 다치는 것을 보지 못하신 건가? 우리 아이를 방치하셨나? 애 안 보고 선생님은 도대체 뭐 한 거야?'

혼자 생각에 꼬리에 꼬리를 물다가 선생님을 원망하는 마음에 다다르면 화가 나게 됩니다. 이럴 때에는 여러 가지 생각을 하지 말고 선생님께 연락하여 상황을 이야기하고 물어 보아야 합니다.

그러면 선생님께서 "놀이를 하다가 교구장에 살짝 부딪혔는데 멍이 들 정도로 세게 부딪힌 게 아니라서 멍이 든 줄은 몰랐어요. 좀 더 세심하게 살폈어야 했는데 살피지 못해서 죄송합니다." 아니면 "어떤 상황인지 파악이 안 되었어요. 살피지 못해서 죄송합니다." 등의 답변이 있을 겁니다. 그러면 어머님도 이해가 되고 괜한 오해를 하지 않아도 됩니다. 혼자 끙끙 앓지 말고 선생님과 통화해 보는 것이 빠르고 확실합니다.

일어나서는 안 될 일이지만 크게 다치는 경우도 있습니다.

미끄럼틀에 올라갔다가 떨어져 팔이 부러지거나, 계단을 내려오다 넘어져 발목에 금이 가거나, 넘어졌는데 입술이 찢어져 꿰매야 하는 등의 사고도 일어날 수 있습니다. 사고가 일어나면 사고 발생 즉시 담임 선생님은 응급처치를 한 다음, 원장선생님께 보고합니다. 그다음 응급조치 지정 병원으로 이송하게 됩니다. 이 모든 것이 매뉴얼에 의해 동시 다발적으로 이루어집니다. 어린이집에서는 응급 상황에 대비하여 응급처치 매뉴얼을 가지고 응급 시에 처치하고 있습니다.

담임 선생님이 구급차를 함께 타고 이동하여 병원에서 원장선생님, 담임 선생님과 부모님이 만나게 됩니다. 부모님께서는 너무 놀라 울거나 선생님을 만나면 화부터 내기도 합니다. 속상하고 당황스럽고 놀란 마음에 화가 났을 겁니다. 화를 내기 보다는 일단 전후 사정을 자세히 들어보아야 합니다. 응급조치가 잘 이루어졌는지를 확인한 다음, 선생님의 과실 여부를 파악하여야 합니다. 과실 여부에 따라 그에 상응하는 처벌과 재발 방지를 위한 요구를 할 수 있기 때문입니다.

어린이집에서 사고로 병원에서 치료를 받을 때에는 어린이집이 가입한 '어린이집안전공제회'에 발생한 치료비와 진료비를 신청하면 심사 후 지급 받을 수 있습니다.

어린이집 보육의 최우선의 목표는 아이들을 건강하고 사고 없이 보육하는 것입니다. 사고 없이 하루를 보내기 위해 선생님들은 출근 직후부터 퇴근 시간까지 긴장 상태로 아이들을 돌보고 있습니다.

"아이들은 다치면서 크는 거지요. 선생님, 놀라셨겠어요. 괜찮습니다."

"선생님, 괜찮아요. 집에서 저 혼자 볼 때도 다치는 걸요."

"선생님, 애기 안 보시고 뭐하셨어요. 아이가 다치면 어떻게 해요?"

"아~! 잘 좀 봐주시지…."

"당장 병원에 가서 엑스레이 찍어봐야겠어요. 병원으로 오세요."

"꼬집은 아이가 누구죠? 그 아이 혼내주세요. 아니 그 엄마에게 사과 전화하게 해주세요. 이참에 버릇을 단단히 고쳐 놔야겠어요."

어머님들의 다양한 반응입니다. 어머님께서는 어떤 반응을 보여 주시겠습니까?

⊞ 어머님의 따뜻한 한 마디가 힘이 됩니다

만 3세 아이들이 교실에서 신나게 놀이를 하고 있었습니다. 친구들과 교실을 뛰어다니며 놀이를 재미있게 하고 있었습니다. 재미있는 놀이를 통해 아이들의 흥분도는 점점 높아집니다. 아이들이 흥분도가 높아지면 사고의 우려가 있기 때문에 아이들을 진정시키며 뛰는 것을 자제하도록 하였습니다.

그러나 한 번 올라간 흥분 상태는 쉽게 가라앉지 않았고, 뛰다가 한 아이가 넘어졌습니다. 교구장 모서리에 입술을 부딪쳤는데 모서리 보호대가 있었음에도 이가 입술에 부딪치면서 입술이 찢어졌습니다. 나오는 피를 지혈하고 어머님께 연락드려서 병원으로 오실 수 있도록 조치한 다음 저희도 서둘러 병원으로 이동하였습니다.

병원에서 만난 어머님께 사고 상황을 전하면서 죄송스런 마음으로 사과를 드렸습니다.

"선생님, 괜찮습니다. 선생님도 많이 놀라셨죠? 워낙 뛰며 장난이 심한 아이라 다치는 것은 다반사인 걸요. 저는 한 명 키우는 것도 감당이 안 되는데, 10명의 아이를 보시는 선생님은 얼마나 힘드시겠어요."

저를 이해해 주시는 따뜻한 마음이 정말 감사했습니다. 어머님께서 왜 속상하지 않으셨겠습니까? 속상하지만 선생님의 마음을 배려해 주신 겁니다. 제가 교사 생활을 하면서 가장 감사한 어머님으로 기억에 남아 있습니다.

CCTV를 확인하고 싶어요

매스컴에서 어린이집 아동 학대가 보도된 다음날이면 아동 학대를 걱정하며 아이들에게 어린이집에서 학대 사실이 있지 않았는지 물어보는 학부모님들이 있습니다. 부모로서 당연히 '혹시?' 하고 걱정을 하지 않을 수 없겠지요. 그래서 평소에도 아이들을 꾸준히 관찰하고 불안 요소가 발견되면 반드시 선생님께 물어보는게 좋습니다.

간혹 아이의 이야기만을 듣고 무조건 아동 학대를 의심하여 CCTV 열람 신청을 하면 선생님 및 어린이집에 대한 신뢰가 깨져 다시 다니는 것이 서로 불편할 수도 있습니다. CCTV 열람 신청을 하기 전에 충분히 정확한 상황을 파악하는 것이 중요합니다.

아동 학대를 의심할 만한 징후는 다음과 같습니다.

1. 겨드랑이나 팔뚝 · 허벅지 등 쉽게 상처를 입지 않을 부위에 멍 또는 상처가 나서 오는 경우

2. 아이의 상처에 관해 선생님에게 물었을 때 아이의 진술과 선생님의의 진술이 일치하지 않을 경우
3. 어린이집에서 다쳤는데 특별한 이유 없이 병원에 데려가지 않거나 시간을 지체한 경우
4. 아이의 행동이 갑자기 변하거나 다음과 같은 이상 행동을 하는 경우
   - 자다가 갑자기 깨서 울며 울음을 쉽게 그치지 않는다.
   - 어린이집에 가기 싫어하고 등원을 강하게 거부한다.
   - 갑자기 공격적인 행동을 한다(물건을 던지거나 때리는 행동, 특정 물건을 물어뜯거나 심하게 빠는 행동).
   - 성인에게 적대감을 보이고 무서워한다.
   - 선생님이 때렸다고 반복적으로 일관되게 이야기한다.

CCTV 열람 신청 절차

어린이집을 설치 · 운영하는 자는 아동 학대 방지 등 영유아의 안전과 어린이집의 보안을 위해 폐쇄회로텔레비전(CCTV)을 설치 · 관리해야 하며, 기록된 영상 정보는 60일 이상 보관해야 합니다.

영유아보육법 제15조의4 및 제15조의5에 의해 CCTV 영상물 열람이 가능합니다. 그러나 아무때나 보고 싶다고 해서 볼 수 있

는 것은 아닙니다. 신청 절차와
양식이 필요합니다.

CCTV 영상물열람신청서를
작성하여 원에 제출해야 합니
다. 신청서 양식은 원장선생님
께 요청하거나, 인터넷으로 거
주 지역의 육아종합센터에 접속
하여 CCTV 영상물열람신청서를 출력해도 됩니다.

열람신청서를 제출하여도 바로 확인할 수 있는 것은 아닙니다.
CCTV에 함께 활동하는 아이들의 개인정보 보호를 위해 운영위원
회를 통해 CCTV열람이 가능한지 허락을 받아야 합니다. 다른 아
이의 학부모님이 요청하면 영상물에 모자이크 처리를 해야 하는
시간이 필요합니다. 열람신청서를 제출하면 어린이집에서는 10일
이내에 준비하여 학부모님께 CCTV 영상물열람 신청에 대한 결정
통지서를 보냅니다. 열람 형태와 열람 일시·장소 등을 확인하여
열람을 진행하면 됩니다.

어린이집의 CCTV는 60일까지 보관하기로 되어 있습니다. 열람
을 원하는 시점의 영상이 보관 기간을 넘긴 경우에는 자료가 남아
있지 않아 열람이 거부될 수도 있습니다.

이 경우를 제외하고 별다른 이유 없이 CCTV 열람을 거부한다
면 경찰에 아동 학대를 신고하면 경찰 입회하에 CCTV영상물을

확보할 수 있습니다.

CCTV 영상물열람신청에 대한 결정 통지서를 받은 날부터 7일 이내에 열람이 가능합니다. 열람할 때는 정당한 열람권을 확인하기 위해 신분증, 가족관계증명서를 지참해야 합니다. 열람자는 비밀 유지 의무가 있으므로 이와 관련된 서면을 작성하게 됩니다. 열람 중 휴대폰 등을 이용한 무단 촬영은 개인정보보호법에 의해 제한됩니다.

6

코로나 19 바이러스 방역

코로나19로 어린이집이 긴급 보육으로 전환되면서 등원하지 않고 가정 보육을 하는 가정이 많아졌습니다. '며칠만 데리고 있으면 괜찮아지겠지', '금방 다시 아이들을 어린이집에 보낼 수 있겠지'라고 생각했습니다. 어머님들도 다들 그렇게 생각했고, 선생님들 또한 이 상황이 곧 끝날 것이라고 생각했습니다.

그러나 코로나19 사태가 끝없이 장기화됨으로써 아이들과 24시간 함께 있어야 하는 엄마들에게는 힘든 나날이 시작되었습니다. 놀이터에라도 데리고 나가면 좀 나으련만, 불안함이 앞서 어디 나가는 것도 무섭습니다. 에너지 넘치는 아이들이 집에만 있어야 하니 아이들에게도 힘든 날들이 계속되고 있습니다.

어린이집에서는 이렇게 대비하고 있어요

어린이집은 가정에서 양육할 수 없거나 맞벌이 부부를 위하여 긴급 보육을 실시하고 있습니다. 아이들이 등원하지 않더라도 원장을 비롯한 선생님들 모두 출근하여 방역에 만전을 기하고 있습니다.

어린이집 입구에서 원아들부터 선생님들까지 손 소독과 체온 체크를 하고 출입합니다. 외부인은 공적 업무 수행 시에만 출입을 허가하며, 아동이 없는 시간이나 선생님 및 아동과 접촉이 없는 공간에서만 업무를 볼 수 있습니다.

자가 진단

1. 발열(37.5도 이상), 기침, 두통, 오한, 인후통, 호흡곤란, 근육통, 미각·후각마비 증상 등이 있는 경우
2. 최근 14일 이내에 해외 여행을 다녀온 경우
3. 동거 가족 중 최근 14일 이내에 해외 여행을 다녀온 사람이 있는 경우
4. 동거 가족 중 자가 격리된 사람이 있는 경우

위와 같은 경우에는 어린이집에 등원하지 않고 가정 보육을 하게

됩니다. 기저 질환(비염, 천식, 알레르기 등)이나 단순한 콧물 증상이 있을 때에는 의사 소견서를 제출해 주셔야 등원이 가능합니다.

아침·저녁으로 어린이집을 전체적으로 소독합니다. 손을 자주 씻기고 수시로 손 소독을 실시하고 있습니다. 체온 체크는 등원 시에 한 번, 낮잠 자기 전에 한 번, 최소 하루에 두 번 이상 실시하고 있습니다.

24개월 이상 된 원아는 마스크 착용이 의무입니다. 어린이집에서는 원아들을 비롯하여 근무자들 모두 마스크를 착용합니다. 코로나19 바이러스는 환기의 중요성이 강조되고 있어 자주 환기하고 있습니다.

아이들이 놀이할 때도 거리 두기를 합니다. 급·간식 시간에는 마스크를 벗기 때문에 이야기하지 않고 급·간식을 할 수 있도록 지도하고 있습니다. 선생님들도 아이들과 같이 식사하지 않고, 거리를 두거나 시간차를 두고 식사를 합니다. 양치를 할 때 타액을 뱉으면 혹시 생길지 모를 감염을 우려하여, 식후 양치도 실시하지 않고 있습니다. 낮잠 시간에도 거리 두기를 하여 자리를 배치하고, 머리 방향도 엇갈려 최대한 호흡이 교차되지 않도록 하며, 마스크를 착용하게 합니다.

🗒️ 감염자 발생 시 대처 방법

코로나19 감염 의심 증상을 보일 경우 즉시 격리하고, 가정에 연락하여 검사 받을 수 있도록 부모님께 인계합니다.

코로나19 바이러스로 인해 아이들이 마스크를 쓰기 시작하면서 귀가 헐어 아파하기도 하고, 어색함 때문에 마스크를 손으로 만져 몰래 내린 아이에게 선생님께서 마스크를 써야 한다고 이야기하면 멋쩍게 웃으며 마스크를 다시 고쳐 섰습니다. 이제는 스스로 마스크를 착용하게 되었습니다.

"선생님 언제 친구들하고 마스크 안 쓰고 놀 수 있어요?"

아이들이 볼멘소리를 합니다. 답을 줄 수가 없어 답답하기만 합니다. 요즘 제가 아이들에게 가장 많이 하는 이야기가

"친구들과 거리 두기를 해야 해요. 이야기 많이 하면 안 돼요."

입니다.

친구들과 언제쯤 재미나게 같이 놀이를 할 수 있을까요? 아이들은 친구들과 조잘조잘 얘기하면서 놀이를 해야 하는데, 거리 두기 때문에 거리를 두고 놀이를 해야 하고, 말도 조금만 해야 한다고 이야기할 때는 정말 속상합니다.

도연이가 마스크를 쓰지 않고 등원하였습니다. 마스크가 불편해서 쓰고 싶지 않다고 울며 거부하여 어머님께서 마스크를 챙겨서 어린이집에 오신 겁니다.

도연이에게 마스크를 써야 하는 중요성에 대해 이야기를 해주고 마스크를 쓰지 않으면 어린이집에 올 수 없고 친구들과 놀이도 하지 못하는 상황을 설명해 주었습니다. 도연이는 눈물을 글썽이며 억지로 마스크를 쓰고 어린이집으로 들어왔습니다.

얼마나 불편하겠습니까. 어른들도 불편한데 아이들은 더 답답하고 불편하겠지요. 그럼에도 단체 생활을 해야 하는 실내 공간인 어린이집에서는 반드시 마스크를 착용할 수밖에 없습니다. 마스크 착용은 개인의 감염을 막기 위한 것이기도 하지만, 다른 아이들을 위한 가장 기본적인 행동입니다.

가끔 깜빡하고 마스크 착용을 잊어버리는 경우가 있습니다. 또 마스크를 착용하다가 줄이 끊어지거나 음식물을 흘려 마스크를 다시 착용하기 어려운 경우를 대비하여 가방에 여벌 마스크를 2~3장 넣어주시기 바랍니다.

⊞ 외출을 자제해 주세요

정말 답답함의 연속입니다. 자유롭게 여행을 다니고, 집 앞 공원
에 산책을 가는 아주 평범했던 일상들이 평범하지 않게 되었습니
다. 뉴스에서만 보던 확진자 소식이 이제는 내가 아는 사람의 이야
기가 되어 아주 가까이까지 다가오고 있습니다.

아이들은 답답해 하고 어머님들은 고생이 너무 많습니다. 여행
도 다니고, 짧게라도 혼자만의 여유로운 시간이 있어야 에너지를
충전하여 아이들과 즐거운 시간을 보낼 텐데 말입니다. 엄마들의
우울증이 점점 심해지고 있습니다. 하루 종일 집에서 아이들과 시
간을 보내려면 지치는 것은 너무도 당연합니다.

그럴 때는 외부 접촉을 최소화하는 범위 내에서 가벼운 외출을
하시는 것도 좋습니다. 인터넷에 검색해 보면 전시회를 비롯 지역
축제, 식당에 이르기까지 드라이브스루로 이용할 수 있는 시스템이
갖추어져 있습니다.

저는 어린이집 선생님이기 때문에 저로 인해 저희 원의 아이들
이 혹여나 접촉자로 검사를 받게 되는 상황을 방지하기 위하여 외
출을 최소화하고 있습니다. 아이들은 밖에 거의 나가지 않으니 병

원에 가기 위하여 어쩔 수 없이 나가는 날이면 주사를 맞더라도 행복해 합니다. 신이 나서 뛰어다니죠. 그것을 볼 때면 안타까움을 느낍니다.

외출을 하더라도 개인 방역을 철저히 지킨다면 우리의 몸을 지킬 수 있습니다. 대형 교회에서도, 돌봄 교실에서도 마스크를 잘 착용하고 방역 규칙을 잘 지킨 곳에서는 확진자가 나왔어도 추가 확진자는 나오지 않은 사례들이 속속 보도되고 있습니다. 외출을 하게 된다면 내 아이를 위해서, 또 긴급 돌봄으로 어린이집에 등원하는 다른 아이들을 위해서도 마스크 착용과 개인 위생에 철저하게 신경을 써주세요. 그것은 서로를 위하는 일입니다.

3

선생님과의

대화가 어려워요

학기 초에는 반드시 ○○을 쓰세요

📓 엄마의 마음을 편지로 전합니다

즐겁게 다녔던 반을 졸업하고 상급반으로 올라가면 담임 선생님이 바뀌게 됩니다. 엄마의 마음은 새로운 선생님을 만날 생각에 기대도 되고 걱정도 됩니다. 어떤 선생님을 만나게 될까? 우리 아이를 사랑해 주실 분을 만나야 할텐데….

〈엽기적인 그녀〉라는 영화를 보셨나요? 영화의 남자 주인공인 견우가 그녀의 새로운 소개팅 남에게 그녀에 대해 알아둬야 할 10

가지 원칙을 이야기는 장면이 있습니다. 자신이 경험했던 그녀에 대해 소개팅 남이 알 수 있도록 그녀의 성격 등이 잘 드러나게 이야기해 주는 장면입니다. 견우와 같은 마음으로 처음 만나는 담임 선생님께 '우리 아이는 이런 멋진 아이입니다.'하고 편지를 써서 보내는 겁니다.

우리 아이에 대한 이야기와 어머님의 현재 고민이나 부탁의 말을 적어 보내 주면 선생님께서 아이를 대할 때 많은 도움이 됩니다. 학기 초에 아이도 선생님이 낯설지만, 선생님도 아이들이 낯섭니다. 3월 학기 초에는 10명도 넘는 새로운 아이들을 탐색해야 하므로 바쁜 시간이 됩니다. 엄마의 편지로 탐색 기간을 줄일 수 있습니다. 편지의 내용을 기초로 하면 아이를 알아가는 시간이 줄어들고 아이와 부딪칠 선생님의 적응 기간도 많이 단축됩니다. 아이는 선생님이 나를 알고 편안하게 대해 주시기 때문에 선생님에 대한 이미지도 저절로 좋아집니다.

"경호가 제일 좋아하는 사과가 간식으로 나왔네?"

"선생님이 어떻게 아세요?"

"엄마가 편지로 얘기해 주셨어. 경호 맛있게 먹어."

이런 작은 대화를 통해 친구들은 듣지 못하는 이야기를 듣는 아이는 어깨가 으쓱해집니다. 선생님이 나를 잘 알고 계신다는 생각에 경호 또한 편안하고 빠르게 적응하게 됩니다. 선생님께서 관찰하는 시간이 줄어들면서 우리 아이의 장점이 더 잘 보이고, 선생님과 더 가깝게 지낼 수 있는 시간이 확보됩니다.

편지를 쓸 때에는 '우리 아이는 고집이 세고 눈물이 많습니다. 그래서 그것이 고민이에요.'라고 적으면 부정적인 이미지를 심어 줄 수 있습니다. 아이를 만나 보지도 않은 선생님께 부정적인 이미지로 각인된다면 '아! 떼를 많이 부리는 아이구나….'라는 편견이 생길 수 있습니다. 그렇다면 편지를 보내지 않는 것이 오히려 나을 수 있습니다.

편지는 긍정적인 언어로 써야 합니다. 그렇다고 아이를 미화한 편지를 보내라는 것이 아닙니다. 있는 그대로를 담담하게 적되 자세하게 쓰면 됩니다. 엄마는 아이의 성격을 알고 있기 때문에 짧게 적고 '이 정도면 괜찮겠지?'라고 생각할 수도 있습니다. 자세하게 적을수록 아이에 대한 선생님의 이해도 높아집니다. 성격뿐만 아니라 좋아하는 색깔, 잘 먹는 음식 등도 함께 적어 주면 급·간식 시간에 아이와 선생님의 대화가 풍성해집니다.

[부정적인 편지] '고집이 세서 자기가 선택한 놀이만 합니다. 모든 일을 울음으로 해결하려고 합니다. 욕심이 많아 다른 아이를 예뻐하는 것을 못보고 샘을 냅니다.'

[긍정적인 편지] '좋고싫음이 확실합니다. 좋아하는 놀이를 하면 적극적으로 표현하면서 함께 놀이를 하려고 합니다. 속상한 일이 있을 때는 눈물을 잘 흘리지만, 자신의 마음을 알아주면 금세 그치고 놀이를 합니다. 감정이 풍부하여 사랑이 많은 만큼 사랑도 많이 받기를 원합니다.'

이처럼 긍정적인 편지가 아이를 훨씬 멋진 아이로 보이게 합니다. 어머님들은 겸손의 표현으로 아이가 '못한다', '부족하다'라고 이야기하는 경우가 많습니다. 겸손과 내 아이를 깎아내리는 것은 다릅니다. 부모님께서 사랑을 표현하는 만큼 우리 아이가 사랑받을 수 있다고 생각하면 됩니다. 아이를 존중하고 사랑한다는 것을 충분히 표현해 주는 것이 좋습니다.

🐢 초등학교 담임 선생님께도 편지를 보내세요

현성이가 초등학교 1학년에 입학하고 등교 첫날 선생님께 '우리 멋진 배현성을 소개합니다.'라고 쓴 편지를 보냈습니다. 현성이에 대해 자세히 적다 보니 세 장의 손편지가 되었습니다.

4월에 1학기 학부모 상담이 있던 날, 담임 선생님께서는 교직 생활 중 이런 편지는 처음 받아보았는데, 도움이 많이 되었다고 하였습니다. 그리고 "엄마가 현성이에게 얼마나 관심을 가지고 계시며 사랑하는지 알 수 있었다."고 하였습니다. 너무 좋은 방법이라고 칭찬해 주셨습니다. 그리고 현성이가 어려워하는 부분을 미리 편지를 통해 알고 있었기 때문에 빨리 도움을 줄 수 있었다는 이야기도 덧붙였습니다.

어린이집 선생님뿐 아니라 초등학교 선생님들께도 학기 초에 편지 쓰는 것은 좋은 방법입니다. 악필인데 꼭 손편지를 써야 하냐고 물어오는 분들도 있습니다. 편지는 선생님께 보내는 마음입니다. 글씨를 보는 것이 아닙니다. 편지 안에 담긴 마음을 보는 겁니다. 그러니 타이핑해서 출력해 보내지 말고 부끄럽더라도 마음을 듬뿍 담아 정성스럽게 손편지를 보내면 선생님도 그 정성스런 마음을 받을 겁니다.

기다려지는 키즈 노트

📔 키즈 노트를 아시나요?

키즈 노트는 수기 알림장을 대신하여 어린이집에서 앱으로 사용하는 알림장입니다. 수기로 적은 알림장과 같은 기능을 한다고 생각하면 됩니다. 휴대폰을 이용하여 사진·공지 사항·식단 사진·투약 의뢰서 등을 작성할 수도 있습니다. 보통 휴대폰 앱을 사용하고 있지만, 수기 알림장을 사용하고 있는 어린이집도 있습니다.

집에 있을 때 키즈 노트의 알람이 오면 제일 먼저 열어 보게 됩니다. '오늘은 우리 아이가 무슨 놀이를 했을까?', '무슨 반찬으로 밥을 먹었을까?', '친구들과 즐거운 시간을 보냈을까?', '어떤 사진이 왔을까?'

온갖 궁금증으로 두근거리는 마음으로 휴대폰의 키즈 노트 앱을 누릅니다. 두근거림으로 열어본 앱의 화면에서 머리에 토끼 가면을 쓰고 환하게 웃고 있는 아이의 표정을 보며 엄마의 입가에는 절로 미소가 지어집니다. '오늘도 즐거운 추억 하나를 만들고 있구나.' 잘 지내고 있는 모습이 보여 엄마는 하루 종일 아이의 웃는 얼굴을 떠올라 저절로 웃음이 납니다.

선생님께서 정성스레 써주신 키즈 노트 알림장에는 〈토끼와 거북이〉 동화를 듣고, 친구들과 동물 가면을 쓰고 토끼와 거북이가 되어 즐겁게 놀이를 했다고 합니다. 아이가 토끼 흉내를 너무 잘 내서 친구들이 깔깔깔 웃었다고 놀이한 내용이 적혀 있었습니다. 평소에도 흉내를 잘 내고 엄마를 잘 웃겨주던 아이의 모습이 생각나 피식 웃음이 났습니다.

"직장에서 일하고 있을 때 키즈 노트 알람이 울리면 너무 기대가 돼요. 아이가 놀이하는 모습을 볼 수 있어서 너무 좋아요."

"키즈 노트 속 사진을 보면 힘든 하루를 버틸 수 있었어요."

키즈 노트를 기다린다는 어머님들의 이야기에 기분이 좋고 감사한 마음입니다. 아이들을 재워 놓고 한 아이 한 아이가 오전에 놀이하던 모습을 떠올리며 어머님께 놀이한 내용이 잘 전달되었는지, 특별한 일은 없었는지를 생각하며 키즈 노트를 작성합니다. 우리 반 아이들의 키즈 노트를 한 명 한 명 적고 나면, 낮잠 시간이 끝나 아이들을 깨울 시간입니다. 공지 사항이 많은 어떤 날은 낮잠 시간이 아닌 퇴근 후에 키즈 노트를 작성하기도 합니다. 기다리는 부모님의 마음을 알기에 빨리 보내드리고 싶지만, 늦게 오는 날은 이해를 좀 부탁드립니다.

영아는 매일 알림장을 작성하지만, 유아는 알림장을 작성해야한다는 규정이 없습니다. 원마다 나름의 규정을 가지고 주 1~3회까지 알림장을 작성해 보냅니다. 유아의 경우에 알림장을 작성하지 않는 어린이집도 있습니다. 유아들은 전달 사항을 구두로도 전할 수 있고, 특별한 사항은 공지문을 통해 알려드리기 때문입니다. 알림장을 보내 주지 않는다고 항의하는 부모님도 있습니다. 알림장은 필수가 아니라는 점을 알려드립니다.

키즈 노트에 올라간 사진에 아이가 무표정이어서 '사진이 왜 이래요? 왜 이런 사진을 보내셨어요?'라고 항의하는 어머님도 있습니다. 아이들과 놀이를 온전히 함께하느라 또는 미술 놀이를 할 때는 온 손에 물감이 범벅이 되어 사진을 못 찍는 경우도 있습니다. 사진 없이 내용만 전달하면 사진이 없음을 매우 아쉬워하는 부모님들도 있습니다.

놀이를 하면서 재미있어 하는 행복한 모습이 사진에 잘 담기면 사진을 찍는 선생님도 행복하고 기분이 좋습니다. 그러나 잘 웃다가도 사진만 찍으려고 하면 표정이 굳어지고 부끄러워하는 아이의 사진은 항상 표정이 없거나 긴장한 표정이 역력합니다. 이런 사진을 보면 '부모님께서 속상해 하실텐데….'라는 걱정이 앞섭니다. 그렇다고 사진 없이 알림장을 작성하면 사진이 없으니 사진을 많이 올려 달라 하니, 부모님들의 요구를 모두 충족하기에는 어려움이 많습니다.

사진 찍는 데 많은 시간을 할애할 수 없습니다. 놀이하고 있는 아이들을 찍는 데 집중하다 보면 사진을 찍지 않는 아이들은 자연스럽게 소홀해지게 됩니다. 아이들은 잠깐의 방심에도 사고가 날 수 있습니다. 선생님들은 뒤통수에 눈이 달린 것처럼 사진을 찍으면서도 다른 놀이를 하고 있는 아이들에게 신경을 써야 합니다.

부모님들께서도 아이들 사진 찍어 보셔서 아시겠지만, 활동적인 아이들은 매우 찍기 어렵습니다. 사진이 모두 흔들려 나올 수도 있습니다.

생일 잔치가 있는 날이면 예쁜 사진을 남겨 주고 싶은 마음에 연출을 하게 됩니다. 움직이는 아이, 생일상의 과자에 눈이 가 있는 아이, 케이크에 손가락이 가 있는 아이, 친구가 쓴 왕관에 시선이 가 있는 아이들의 시선을 한곳으로 모으기 위해 박수와 딸랑이 흔드는 소리가 돌잔치 날을 방불케 합니다. 최대한 빠르게 사진을 찍습니다. 아이들이 놀이하는 순간이 예쁘게 찍히면 선생님도 기분이 좋습니다. 연출을 하며 예쁜 사진을 찍기에는 시간이 턱없이 모자랍니다. 자연스럽게 찍힌 사진을 예쁘게 봐주기를 부탁드립니다.

매일매일 답글을 열심히 정성스럽게 달아주시는 부모님의 글에는 애정이 갈 수밖에 없습니다. 알림장을 작성할 때도 조금 더 신경써서 작성하게 됩니다. 부모님께서 아이에 대한 고민이나 궁금증의 글을 남겨 주시면 아이를 좀 더 면밀하게 관찰하고 지켜보게 됩니다.

'어제 저녁에 배가 아프다고 하며 밥을 못 먹었어요. 그래서 아침에 우유 한 잔 먹여 보냈습니다. 배가 아파 오전 간식은 먹지 않겠다고 하면 먹이지 말아 주세요. 그리고 배 아파하지 않는지 좀 지

켜봐 주세요.'

어제 아이에게 있었던 일을 적어 보내 주시는 것도 좋은 방법입니다. 특이 사항을 알려주시면 선생님이 아이의 상태를 체크하고 아이의 컨디션을 배려할 수 있습니다.

알림장과 답글로 오고가는 대화 속에 아이를 더 잘 이해할 수 있게 됩니다. 알림장은 선생님 혼자만의 공간이 아닌 부모님과 선생님이 함께 만들어가는 소통의 공간입니다. 부모님께서 적극 참여해 주시면 좋겠습니다.

🧱 어머님의 한 마디가 피로를 녹입니다

퇴근하고 집에 돌아와 배고프다고 보채는 아이들 저녁 먹이고, 씻기고, 설거지를 합니다. 이렇게 폭풍 같은 저녁 시간을 보낸 다음 한숨 돌리며 쇼파에 앉아 잠시 휴식을 취합니다. 휴대폰의 알람이 울립니다. 키즈 노트 알림이었습니다. 알람을 확인하려고 앱으로 들어가 보니 가은이 어머님의 댓글이 있습니다.

" 가은이가 엄마만 찾으며 울고 등원한 것이 엊그제 같은데 울지도 않고 이렇게 즐겁게 놀이하는 모습을 보니 제 마음이 너무 놓입니다. 어린이집을 믿고 잘 선택한 것 같아요. 항상 가은이가 잘 노는지 궁금했는데, 이렇게 매일 사진도 올려주셔서 사진을 잘 보고 있습니다. 가은이가 선생님을 사랑한다고, 선생님 드린다고 편지를 썼어요. 오늘도 수고하셨습니다. "

가은이와 어머님의 예쁜 마음이 전해진 글을 읽는 내내 행복했습니다. 긴 글이 아니어도 어머님들의 따뜻한 한 마디

"선생님, 고생하셨어요."

"오늘도 수고하셨습니다."

"선생님, 항상 감사해요."

라는 댓글이 오는 날이면 내가 어린이집 교사 하기를 잘했다는 생각이 듭니다. 그러면 피곤에 지쳐 있던 저의 모습은 사라지고, '내일 아이들을 만나 어떤 놀이를 하며 하루를 즐겁게 보낼까?' 하며 내일 할 놀이에 대한 기대감으로 피로가 사라집니다. 키즈노트나 수기 알림장에 답장을 쓰지 않으셨다면 오늘부터라도 한번 작성해 보세요.

3

지금 전화해도 될까

밤 11시 휴대전화의 벨이 울렸습니다. 액정 화면에 서연이 어머님의 성함이 보입니다. 무슨 급하신 일일까? 다급하게 전화를 받았습니다.

"네, 어머님 무슨 일 있으세요?"

"서은이가 내일 친구들한테 스티커를 나눠주고 싶다고 하는데 가져가도 될까요? 반 친구들이 몇 명이에요?"

예상하지 못했던 시간에 어머님의 전화가 오면 어떤 사고가 생긴 것은 아닌지 걱정이 되어 떨리는 마음으로 전화를 받게 됩니다. 다행히 아무일도 아닌 것에 안도의 한숨이 나왔습니다.

선생님에게 전화를 하기 전에 '이 시간에 전화를 해도 될까?', '이런 일로 전화해서 물어봐도 될까?' 고민하다가 아주 조심스럽게 전화하시는 어머님들도 있습니다. 너무 부담을 가지고 전화하지 않아도 됩니다. 너무 늦은 시간과 휴일에는 조금 피해서 연락하면 좋겠습니다. 통화도 업무의 연장이기 때문입니다. 급한 용무가 있으면 시간에 구애 없이 바로 연락하는 것이 맞습니다.

📧 선생님과 언제 통화하는 것이 좋을까요?

선생님들은 어린이집에 아이들이 등원함과 동시에 긴장 상태가 시작됩니다. 아이들의 사고는 순식간에 발생하기 때문에 긴장의 연속입니다. 어린이집에서 활동하고 있는 일과 시간 중에 전화를 주면 받을 수 있지만, 통화에 집중하기 어렵습니다. 잠깐의 통화라면 보조 선생님이나 원장선생님께 잠깐 아이들을 맡기고 통화할 수 있겠지만, 긴 통화는 어렵습니다.

선생님과 통화할 일이 있으면 일과 시작 전인 8시에서 9시 사이나, 낮 1시 30분~3시의 낮잠 시간을 이용하는 것이 좋습니다. 급한 일이 있다면 당연히 전화해야 겠지만, 중요하고 급한 일이 아니라면 지금 당장 전화를 하지 말고 시간을 확인한 다음 연락하면 됩니다. 일과 시간에는 선생님께 개인적으로 연락하기보다는 어린이집으로 전화를 해야 빠르게 연결됩니다. 일과 시간 중에는 핸드폰을 보지 않는 선생님들이 많습니다.

어린이집은 아이들이라는 특수 상황이 있습니다. 아이들 일이라면 부모님께서 때와 장소를 가리지 않듯이 선생님도 때와 장소를 가리지 않습니다. 저 역시 학부모님께 연락이 오면 통화를 먼저 합니다. 우리 아이들과 관련된 것이 우선이기 때문입니다.

휴대폰의 알람 소리에 안 떠지는 눈을 억지로 뜨면서 손을 더듬거려 머리맡의 휴대폰을 들고 버튼을 누릅니다. 환하게 비추는 액정의 불빛에 눈을 찡그리며 확인한 것은 키즈 노트의 알람이었습니다. 놀다가 새벽에 귀가하였기 때문에 내일 어린이집 등원을 못한다는 내용이었습니다. 확인을 하고 시간을 보니 새벽 2시였습니다.

급한 어머님들의 마음은 이해하지만, 퇴근 후 늦은 시간이나 새벽에는 긴급 상황이 아니라면 되도록 연락을 지양해 주셨으면 좋겠습니다. 퇴근 후 선생님의 개인 생활도 인정하고 존중해 주어야 합니다.

급한 일이 아니라면 전화 버튼을 누르기 전에 먼저 문자를 보내는 것도 방법입니다. 문자를 본 선생님이 통화해야 할 일이면 전화를 할 겁니다.

한편, '이런 것을 물어 봐도 되나?'라는 것이 있으면 주저하지 말고 물어봐야 합니다. 어린이집 생활이나 아이의 발달 상황에 대한 궁금증은 바로 해결하는 것이 좋습니다. 마음에 부담이 되는 일을 해결하지 않고 마음속에 담고 있으면 그 작은 매듭이 머릿속에서 얽히고 얽혀 풀 수 없는 매듭이 되어버릴 수도 있습니다. 그 매듭이 오해의 시작이 되고, 엉켜버린 실타래는 풀기 힘들 듯이 오해가 쌓이고 쌓이면 풀기 힘든 상황까지 갈 수 있습니다. 의구심이 생기거나 궁금한 점이 있으면 주저하지 말고 물어보는 것이 맞습니다.

🔖 선생님! 이럴 땐 어떻게 해야 해요?

첫아이를 어린이집에 보내고 주변에 소통할 수 있는 또래 엄마들도 없어서 무엇을 어떻게 해야 할지 모르는 어머님도 있습니다. 저는 모든 어머님들께 궁금증이 생기면 주저하지 말고 이야기하라고 말씀드립니다. 3월 입학 후 어머님이 아직 추울 것 같아 걱정이라고 하며 내복을 안 입혀도 되는지 물어왔습니다. 이런 것까지 물어 보아도 되는지 고민하다가 질문한다고 했습니다. 어린이집은 집과 같다고 생각하면 됩니다. 집안에서는 두껍게 입지 않고 가벼운 실내복을 입고 생활하듯이, 어린이집에 보낼 때도 가볍게 입혀주면 됩니다.

어린이집은 아이들이 생활하는 공간이기 때문에 냉·난방과 습도에 신경을 쓰고 있습니다. 온도가 맞지 않으면 아이들이 감기에 쉽게 걸리기 때문입니다. 더위를 많이 타는 아이, 추위를 많이 타는 아이 등 아이마다 다르기 때문에 온도를 개인에 맞추기는 어렵습니다. 아이가 춥다고 이야기한다면 카디건, 조끼 같이 스스로 입고 벗기 편한 옷을 보내 추울 때 입고, 더우면 벗을 수 있도록 하는 것이 좋습니다.

사소한 것 하나까지도 궁금하거나 모르는 것이 있으면 맘카페에 문의하는 것보다 선생님께 질문해 보세요. 맘카페에서 답변하는 어머님들의 상황과 어린이집 상황이 달라 아이가 오히려 불편할 수도 있습니다. 어린이집마다 상황이 다르니 해결 방법도 다를 수 있습니다. 내 아이가 다니는 어린이집에 맞춰 대처하는 것이 현명한 방법입니다.

4

선생님과 찐 소통법

"선생님이 웃지를 않으셔. 그리고 뭘 물어봐도 시큰둥한데 애들한테는 웃나 몰라. 어린이집 선생님이 왜 그러시지? 반을 바꿀 수는 없는 거지?"

친한 언니가 전화를 해서 지금 아이의 담임 선생님에 대한 불만을 쏟아냈습니다. 선생님이 잘 웃지 않는 태도에 대해 불만이 많았습니다. 어린이집 선생님이라고 하면 떠오르는 이미지가 있지요? 청순하고 잘 웃으며 친절하고 자상한 하이톤의 목소리여야 한다는 이미지. 전화를 한 언니의 아이 담임 선생님은 이런 이미지와는 좀 달랐다고 합니다. 선생님의 무뚝뚝함이 싫었는데, 아이까지 어린이집에 가기 싫다고 하니 언니 입장에서는 모든 것이 선생님 탓인 것 같아 못마땅하고 속상했다고 합니다.

언니에게 다시 질문하였습니다.

"혜인이는 어린이집에 가는 것이 왜 싫대? "

"물어봐도 다른 이유는 없고, 그냥 가기 싫다고만 해."

"선생님과 상담은 해 봤어? 혜인이가 어린이집에서는 어떻게 지내대?"

"물어봤더니 잘 지낸다고만 하셔. 진짜 잘 지내는 건지? 좀 자세하게 말해 주면 좋을 텐데 대충 잘 지낸다고만 하니 믿을 수가 있어야지."

"언니, 그러면 어린이집 옮길 생각인 거야?"

"아니, 다른 어린이집은 대기도 해야 하고, 지금 어린이집은 다른 건 다 맘에 드는데 담임 선생님만 맘에 안 들어. 다른 선생님들을 보면 좋아 보이던데, 하필 우리 혜인이만 무뚝뚝한 담임 선생님을 만나서 속상해. 첫 선생님이 너무 별로인 것 같아."

"혜인이는 담임 선생님을 뭐라고 이야기해?"

"혜인이는 선생님이 좋대. 자기를 예쁘다고 해주고 자기를 예뻐한대."

"그럼 혜인이는 선생님 문제는 아닌 거네. 특별한 이유가 없이 그냥이라고 이야기한다면 정말 어린이집에 새롭게 다니려니 피곤하고 힘들어서 그냥 쉬고 싶은 것일 수 있어. 그리고 혜인이 앞에서도 언니가 지금 나한테 이야기하듯이 선생님에 대한 불만을 이야기해?"

"혜인이한테 직접 이야기는 안 하지만, 형부랑 이야기할 때 혜인이가 옆에 있지. 선생님이 너무 별로라서 형부한테 내가 자주 이야기하거든. 그리고 형부도 같은 생각이라 걱정이 많아."

"아이 앞에서 선생님에 대한 부정적인 이미지를 주는 것은 좋지 않아. 아무리 불만이 있어도 혜인이 앞에서는 선생님에 대한 불만을 이야기하지 말고 티 내지마. 형부랑 이야기할 때도 둘만 있을 때 조용히 이야기하도록 해. 어린이집을 관둘 생각이 없다면 그 선생님이 싫든 좋든 1년을 함께해야 하잖아. 그럼 내 말을 믿고 따라해 봐."

한번 담임 선생님으로 지정되면 불만스럽든 만족스럽든 1년을 함께 지내야 합니다. 불평불만보다는 선생님의 장점을 보도록 노력할 필요가 있습니다. 선생님에 대한 엄마의 부정적인 감정을 아이 앞에서 이야기한다면 부정적인 감정이 오롯이 아이에게 전해집니다. 그러면 아이도 부정적 느낌을 가지고 선생님을 대하게 되므로 선생님이 싫다고 이야기할 수 있습니다.

아이 앞에서는 선생님에 관한 긍정적 표현으로 좋은 이미지가 생기도록 해야 합니다.

"우리 ○○ 선생님 너무 예쁘신 것 같아. 선생님께서 정말 친절하시다. 설명을 정말 잘 하시는 것 같아. 우리 ○○이를 너무 사랑해 주시네. 선생님께 감사하다."

아이게게 선생님의 좋은 점을 자주 말해 줍니다. 아이가 어린이집에서 경험한 선생님에 대해 이야기하면 잘 들어주고, 이야기 안에서 선생님의 좋은 점, 감사한 점이 작더라도 크게 부풀려 선생님에 대한 이미지를 좋게 만듭니다.

언니와 통화 후 두 달 뒤 다시 통화하게 되었습니다. 혜인이 앞에서는 선생님에 대해 좋은 이야기만 했다고 하였습니다. 언니도 혜인이에게 선생님에 대한 긍정적인 면만 이야기해 주어야겠다고 생각하고 장점을 찾다 보니 선생님의 행동에 이해되는 부분이 있었다고 하였습니다. 선생님은 부끄러움이 많아 언니와 이야기할 때 소극적으로 이야기한 겁니다. 신학기라 낯선 학부모님 앞에서 웃는 모습을 보이는 것이 부끄러워 빨리 자리를 피했다고 합니다.

"우리 엄마가 담임 선생님이 선생님들 중에 제일 예쁘대요. 저도 선생님이 제일 예쁘고 제일 좋아요"

엄마의 말을 듣고 어린이집에 가서 선생님께 이런 이야기를 드리니 선생님도 좋아하면서 예전보다 혜인이를 더 예뻐해 주신다며 언니는 만족해 하였습니다.

선생님의 장점을 보다 보면 믿음은 자연스럽게 따라옵니다. 우리 아이를 위해 열심히 노력해 주시니 엄마는 감사한 마음이 생깁니다. 감사한 마음이 생긴다면 선생님께 적극적으로 표현해 주면 더욱 좋습니다. 선생님도 사람이기 때문에 나를 좋다고 이야기하고 잘 따르는 아이에게 마음이 더 가는 것은 어쩔 수 없습니다. 거기에 부모님까지 믿음을 주면서 감사함을 표현해 주면 선생님의 마음이 활짝 열리지 않을 수 없습니다.

만 2세까지의 아이는 선생님도 엄마라고 부를 정도로 엄마와 선생님의 구분이 어렵습니다. 엄마가 해주는 보살핌과 사랑을 선생님도 주고 있기 때문입니다. 엄마와 선생님은 동급입니다. 진짜 엄마와 선생님 엄마, 아이들은 두 명의 엄마를 두고 있는 셈입니다.

그런데 이런 두 명의 엄마 사이가 좋지 않으면 아이는 어떨까요? 진짜 엄마의 교육 방식과 선생님 엄마의 교육 방식이 다르면 매우 혼란스러움을 겪을 것입니다. 엄마와 선생님의 사이가 좋아야 아이도 안정을 느끼고 바르게 잘 자랄 수 있습니다.

어머님들은 우리 아이가 미움을 받을까봐 하고 싶은 말도 못해 항상 '을'이라고 이야기합니다. 선생님들은 어머님들의 컴플레인이 들어올까봐, 구청에 민원이 들어갈까봐, 어린이집을 그만 두게 할까봐 두려워 하고 싶은 얘기도 못하는 '을'이라고 이야기합니다.

누가 '갑'이고, 누가 '을'일까요?

엄마와 선생님은 대립 관계도 아니고, '갑'과 '을'의 관계도 아닙니다. 그렇게 되어서도 안 됩니다. 서로 조력자가 되어야 합니다. 우리 아이를 사랑으로 키우기 위해서는 공조 관계를 유지해야 하는 사이입니다. 그러기 위해서는 어머님께서도 마음을 여시고 진솔하게 다가간다면 선생님과의 찐한 소통을 경험할 수 있습니다.

🪶 등·하원 시간을 잘 활용해 보세요

차량을 이용해 등·하원을 하면 담임 선생님을 만나기 쉽지 않습

니다. 당직제로 선생님들께서 돌아가면서 승하차 지도를 하기 때문
입니다. 어머님께서 할 수 있다면 차량을 이용하기 보다 직접 등·
하원시키는 것을 권해드리고 싶습니다. 직접 어린이집으로 가면 담
임 선생님께서 아이들 등·하원 지도를 하는 경우가 많습니다.

아이가 어린이집으로 들어가는 잠깐 사이 선생님과 인사를 나누
며 얼굴을 익힐 수 있고, 또 매일 얼굴을 보면 정이 든답니다. 하원
할 때 키즈 노트에 담지 못했던 아이의 이야기를 듣는 좋은 시간이
될 수도 있습니다. 선생님께서 엄마에게 자신의 칭찬을 한껏 늘어
놓는다면 아이의 어깨는 하늘 위로 올라갈 겁니다.

선생님과 밝게 인사를 나누고 따뜻한 인사말을 건네는 모습을
보게 됩니다. 아이는 엄마와 선생님의 좋은 관계를 보면서 선생님
을 더욱 신뢰하고 좋아하게 될 겁니다.

5

선생님과의 상담, 어쩌지

잠이 덜 깨서 우는 아이를 어린이집 생활에 적응시키기 위해 전쟁 같은 3월을 정신 없이 보내고 나면 4월에 학부모 상담 주간이 옵니다.

3월은 아이들이 적응해야 하고, 선생님들은 아이들을 관찰하게 됩니다. 평소에는 아이들을 돌보느라 바쁜 선생님과 긴 시간 상담하기 쉽지 않습니다. 학부모 상담 시간을 적극 활용하여야 합니다.

상담은 1학기, 2학기 두 차례에 걸쳐 30분 정도 진행됩니다. 1학기 때는 현재 아이의 전반적인 발달 단계를 이야기합니다. 기본 생활 습관, 신체 발달, 어린이집에서 관찰한 전반적인 발달 상황, 또래 관계, 문제 행동, 아이의 장점과 재능 등을 발달 과정에 맞춰 이야기합니다. 선생님들은 어린이집 생활에 대해 이야기하고, 아이의 가정 생활에 대한 부모님들의 이야기를 듣는 귀한 시간입니다.

선생님이 먼저 아이에 대해 이야기하면, 다음에는 부모님께서 그동안 궁금했던 우리 아이의 모습에 대해 질문하게 됩니다. 이때 세 개 정도 질문을 준비해 가면 상담이 더욱 풍성해 질 수 있습니다. 어머님은 가정에서의 아이 모습을 이야기해 주고 걱정되는 부분에 대해 질문하면 됩니다.

2학기 때는 1학기 때의 발달 단계를 기반으로 아이가 성장한 모습과 그동안 어린이집에서 활동했던 포트폴리오를 가지고 이야기를 나눕니다. 상담을 할 때 아이의 문제 행동은 매우 조심스럽게 이야기해야 합니다. 문제 행동을 부정적으로 받아들일 수도 있기 때문입니다.

만 3세 현아가 어린이집의 장난감을 종종 집에 가지고 갈 때가 있었습니다. 상담하러 오신 어머님께 상황을 설명하고, 이런 일이 있었는지에 대해 이야기를 나누었습니다. 어머님은 아이가 친구가 준 것이라고 이야기하였다고 했습니다.

"지금 저희 아이가 거짓말을 했다는 건가요?"

"어머님, 아이들도 거짓말을 합니다. 상황이 불리하다고 느끼면 자기 방어를 위해 아이들은 거짓말을 한답니다. 거짓말은 아이들에게는 흔한 상황이에요. 이제부터 하지 않도록 이야기해 주시면 됩니다."

이 이야기를 들은 어머님의 입술과 눈빛은 싸늘하게 굳어집니다.

대부분의 어머님들은 문제 행동에 관한 이야기가 나오면 "저희 아이는 그런 아이가 아니에요. 그런 이유가 있었어요!"하고 아이의 행동을 대변하면서 방어하기 바쁩십니다. 방어하기에 급급한 부모님은 더 이상 선생님의 말을 들을 여유가 없어져 내 아이의 잘못을 최대한 축소시키려고 합니다. 우리 아이에 대한 선생님의 부정적 생각을 바꾸어야겠다는 목표를 설정하고, 그 목표를 달성하기 위해 어머님의 이야기만 하게 됩니다. 다른 이야기는 들리지 않습니다. 그럼 선생님은 더 이상 말할 이유가 없어집니다. 조용히 이야기를 멈추게 된답니다. 선생님은 부모님께 아이의 문제 행동을 알려드린 데서 끝나고 상담이 종결됩니다.

상담의 목적은 아이의 장점과 단점을 정확히 알고, 부모님과 선생님이 함께 노력하여 장점은 더욱 살려주고 단점은 개선해 나갈 수 있도록 하는 것입니다. 그런데 아이의 행동을 옹호하려고 하면 상담이 문제 행동만 이야기하는 단계에서 끝나버리게 됩니다. 문제

행동을 직시하고 개선 방향에 대해 선생님과 이야기 나누는 것이
현명합니다.

　어머님들은 아이들에 대해 아주 잘 알고 있습니다. 아이를 사랑하
는 만큼 관심도 많기 때문에 아이의 성격·습성 등을 속속들이 잘 알
고 있습니다. 그러나 모든 모습을 다 알고 있다고 자신해서는 안 됩
니다. 부모님께서 모르는 부분도 있습니다.

　승철이는 만 5세로 어린이집에서는 평소에 선생님께 도움 한 번
요청하지 않고 스스로 문제를 해결했습니다. 그리고 주변에 어려워
하는 친구들까지 도와주는 멋진 아이였습니다. 상담 시간에도 칭찬
이 가득하였습니다. 어머님께서는 깜짝 놀랐습니다. 가정에서는 밥
도 엄마에게 먹여 달라 하고, 신발도 신겨 줘야 하고, 손 하나 까딱하
지 않는다는 이야기를 들려주었습니다. 아이의 버릇을 잘못 들였다
고 핀잔을 들을 것 같아 걱정을 하며 상담을 왔는데, 이렇게 칭찬을
들을 줄은 몰랐다 하며 기분 좋아하였습니다. 가정에서 스스로 하지
않는 행동에 대한 원인을 찾아보고 해결 방법까지 상담을 통해 알게
돼서 기쁜 마음으로 돌아갔습니다.

　부모님들은 아이에 대해 궁금한 점이 생기면 맘카페나 인터넷 검
색을 통해 정보를 얻고자 합니다. 검색을 하면 수많은 정보들이 쏟아

져 나옵니다. 그많은 정보 속에 나의 고민과 비슷한 내용의 글로 들어가 보면 우리 아이의 상황과 맞지 않는 경우도 많고, 여러 가지 다른 견해들로 어떤 방법이 맞는 것인지 헷갈릴 때가 있습니다. 검색에 의존하기보다는 선생님께 질문할 것을 추천드립니다. 선생님은 우리 아이의 상황을 잘 알고 있기 때문에 우리 상황에 맞는 맞춤 솔루션을 제시해 줄 겁니다.

나이도 나보다 어리고 아이도 안 낳아 본 선생님께 도움을 요청하기가 쉽지 않습니다. 그동안 100권이 넘는 육아 서적을 읽어 준 전문가적인 지식을 가지고 있더라도 선생님 앞에서는 겸손해야 합니다. '어린 선생님이 뭘 알겠어.' 하는 마음으로 선생님을 대하면 선생님은 자신을 인정해 주지 않는 학부모님과는 소통하기가 어렵습니다.

선생님을 전문가로 인정하고 아이를 육아할 때 어려운 점이나 발달 단계에 대해 궁금한 점이 있을 때마다 질문하는 것이 좋습니다. 겸손한 자세로 자꾸 도움을 요청하는 부모님께 선생님은 무엇이라도 더 알려드리고 싶은 마음에 다양한 정보를 들려주실 겁니다. 개인 상담사를 둔 것과 같은 효과를 볼 수도 있습니다.

어머님께 부탁드려요

❶ 어린이집 등원복은 고무줄 바지에 티셔츠가 좋습니다.

어린이집은 아이들이 등원하여 하루 종일 생활하는 곳입니다. 집과 마찬가지라고 생각하면 됩니다. 집에서 편하게 내복을 입고 생활하듯이 어린이집에서도 편하게 생활할 수 있는 편한 복장이 가장 좋습니다. 그렇다고 내복을 입을 수는 없으니 고무줄 바지에 티셔츠가 가장 좋은 복장입니다.

간혹 예쁘게 입히고 싶어서 멜빵 청바지나 후크 바지를 입혀 보내기도 합니다. 보기에는 너무 귀엽고 예쁩니다. 그러나 혼자 소변을 보러 가서 바지를 내리다가 타이밍을 놓쳐 실수를 할 수도 있습니다. 아이들은 놀이에 집중하여 소변이 임박해서 가는 경우가 많기 때문에 선생님께서 도움을 주어도 소변 실수를 하게 됩니다. 스스로 편하게 입고 벗을 수 있는 옷이 좋습니다.

여자 아이들은 레이스가 너무 퍼지는 공주 드레스는 지양해 주세요. 소변을 보러 가서 치마가 정리되지 않아 예쁜 치마에 소변이 묻는 경우가 있습니다. 공주 드레스를 입으면 치마를 넓게 펴고 앉아야 하는데, 다른 친구가 실수로 밟아 찢어지는 사례도 많습니다. 찢어지면 마음이 너무 아프고 속상해요.

후드 티셔츠는 잘 때 등에 후드가 배겨 불편할 수 있습니다. 또 놀이 시설을 이용할 때 모자가 당겨져 목이 졸리는 사고가 난 적도 있기 때문에 일반 티셔츠를 입는 것이 좋습니다.

❷ 양말을 신겨 보내 주세요.

더운 여름에도 아이들이 양말을 신는 것을 의아하게 생각하는 부모님들이 있을 겁니다. 한여름 더울 때는 아이들이 너무 답답해하니 등·하원 시에는 벗고 이동하게 하고, 원에서는 양말을 신을 수 있게 가방에 넣어 보내주세요. 아이들이 양말을 신지 않으면 손으로 발을 자꾸 만지고, 발가락 사이에 블록 등 놀이 교구들을 끼워 놀이를 하게 됩니다. 여러 명의 아이들이 사용하는 교구를 발을 만진 손이나 발가락에 끼웠던 놀잇감을 가지고 놀이를 하면 위생적으로 좋지 않습니다.

아이들이 놀이를 하다 보면 책상·교구장 등에 발을 다칠 수도 있습니다. 양말을 신으면 위생적인 면에서나 안전을 위해서도 좋습니다. 혹시나 생길지 모르는 사고에 대비하기 위함이니 양말을 꼭 신겨 주세요.

❸ 손 · 발톱을 깍아 주세요.

아이들의 손톱은 빨리 자랍니다. 손톱이 길면 장난감을 집다가 친구의 손등을 긁어 상처가 빨갛게 날 수 있습니다.

친구와 다투지 않더라도, 손톱이 길면 목의 가려운 부위를 긁다가 스스로 상처를 내기도 합니다. 손톱이 길면 본의 아니게 자기도 다칠 수 있고, 친구를 다치게 할 수도 있습니다. 작은 부분이라 어머님께서 놓치기 쉽습니다. 자주 확인하여 손톱을 잘라 주세요.

❹ 차량은 5분 전에 나와 기다려 주세요.

아침에 운행하는 차량은 오후 시간에 비해 바쁘게 돌아갑니다. 출근해야 하는 어머님들이 있기 때문입니다. 한 아이가 1분 늦게 차량에 탑승하면 나는 1분 늦었지만, 그다음에는 2분, 5분 이렇게 줄줄이 늦게 도착하게 됩니다. 인사도 제대로 나누지 못하고 아이를 서둘러 차에 태우고 뛰어가는 어머님들의 뒷모습을 볼 때면 죄송스러운 마음이 많이 듭니다.

칼바람이 휘몰아치는 아침, 앞 친구가 늦게 나오는 바람에 5분

늦게 아이를 차량에 태웠습니다. 두 볼이 빨갛게 꽁꽁 얼어 추워하는 아이의 얼굴에 선생님은 손을 대어 녹여줍니다. "많이 기다렸어? 볼이 꽁꽁 얼었네…. 많이 추웠지?" "네, 10분 기다렸어요. 너무 추웠어요." 어머님은 미리 나와 차량을 기다렸던 겁니다. 미리 나온데다 차량이 늦어지니 칼바람 속에서 아이와 떨 수밖에 없었습니다.

조금만 서둘러 미리 나와 차량을 기다리면 뒤의 어머님이 회사에 지각하는 일도, 아이가 추위에 떨며 기다리는 일도 없을 것입니다.

❺ 준비물은 두 번 세 번 확인해 주세요.

어린이집에서 가끔 준비물을 부탁드릴 때가 있습니다. 준비물을 가지고 오지 않으면 놀이가 진행되지 않습니다. 선생님은 혹시 준비가 안 된 아이들을 위해 준비하기도 하지만, 수량이 모자랄 수도 있습니다. 준비물을 가지고 오지 않은 아이들은 선생님이 준비한 재료를 이용하거나, 넉넉하게 가져온 아이들의 도움을 받아 놀이를 합니다.

쿠키를 만드는 날이어서 앞치마와 머릿수건을 준비해야 했습니다. 정훈이는 준비물을 가지고 오지 않은 것을 등원 후 가방 정리할 때 지수가 앞치마 자랑을 해서 알게 되었습니다. 선생님이 원에 여분으로 구비하고 있는 앞치마와 머릿수건을 사용하도록 가지고 왔지만, 정훈이는 하늘색 고양이 그림이 그려진 어린이집의 앞치마가 너무 싫었습니다. 집에는 멋진 요리사 모양이 있는 새하얀 앞치마와 요리사 모자가 있었습니다. 아무리 선생님이 괜찮다고 이야기해 주어도 정훈이의 마음은 괜찮지 않았습니다. 결국 쿠키를 만들지 않았습니다. 혼자만 준비물을 챙겨 오지 않아 아쉬웠으며, 멋진 요리사 앞치마를 하지 못한 것이 속상했습니다.

준비물은 나에 대한 엄마의 사랑과 관심이라고 아이들은 생각하기 때문에 반드시 준비물을 챙겨 주어야 합니다. 아이들이 많이 속상해 한답니다.

❻ 등원하지 않을 경우에는 미리 연락해 주세요.

10시가 되었는데 수현이가 등원을 하지 않았습니다. 늦잠을 자나?

11시가 되어도 12시가 되어도 수현이가 등원을 하지 않아 선생님은 걱정이 되기 시작했습니다. 걱정이 되어 어머님께 전화를 걸어 보았지만 전화를 받지 않습니다. 아버님께도 전화를 드렸지만 연결이 되지 않습니다. 연락이 되지 않아 선생님의 걱정은 더욱 커져만 갔습니다. 반 아이들과 점심을 먹고 있는데 수현이 어머님께 연락이 왔습니다. 오늘 아빠가 쉬는 날이라 여행이 가고 싶어

어제 하원 후 여행을 왔다고 하였습니다. "밤늦게까지 놀고 자다
보니 늦잠을 잤어요. 벨소리도 못 들었네요. 오늘은 쉬고 내일 어
린이집에 보내겠습니다."라고 하였습니다. 걱정을 많이 했는데 아
무일도 아니라서 다행이었습니다.

병원에 가거나 여행 때문에 어린이집을 결석하게 된다면 미리
연락을 해야 합니다. 아동 학대가 많아지다 보니 연락 없이 무단
결석하면 결석한 다음날 교사와 경찰이 함께 결석한 아동의 가정
을 방문하도록 되어 있습니다. 아동 학대에 대한 조사를 받고 진
술해야 합니다.